こんなこと…ありませんか？

「ニチガクの問題集…買ったはいいけど、、、
この問題の教え方がわからない（汗）」

メールでお悩み解決します！

- ☆ ホームページ内の専用フォームで必要事項を入力！
- ☆ 教え方に困っているニチガクの問題を教えてください！
- ☆ 確認終了後、具体的な指導方法をメールでご返信！
- ☆ 全国どこでも！ スマホでも！ ぜひご活用ください！

<質問回答例>

推理分野の学習では、後の学習に活きる思考力を養うことができます。ご家庭で指導する場合にも、テクニックにたよらず、保護者の方が先に基本的な考え方を理解した上で、お子さまによく考えさせることを大切にして指導してください。

Q.「お子さまによく考えさせることを大切にして指導してください」と学習のポイントにありますが、考える習慣をつけさせるためには、具体的にどのようにしたらいいですか？

A. お子さまが考える時間を持てるように、質問の仕方と、タイミングに工夫をしてみてください。
たとえば、「答えはあっているけど、どうやってその答えを見つけたの」「答えは○○なんだけど、どうしてだと思う？」という感じです。はじめのうちは、「必ず 30 秒考えてから手を動かす」などのルールを決める方法もおすすめです。

まずは、ホームページへアクセスしてください!!

http://www.nichigaku.jp　日本学習図書　検索

家庭学習ガイド
星美学園小学校

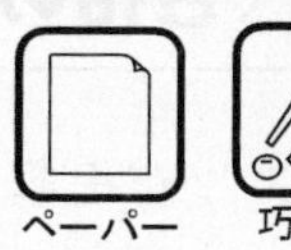

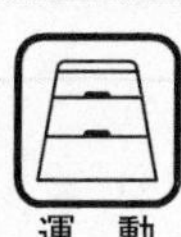

入試情報

募集人数：一次　男女計105名（内部進学者を含む）、二次　男女若干名、
三次　男女若干名
応募者数：男子150名　女子117名
出題形態：ペーパー、ノンペーパー
面　　接：保護者・志願者
出題領域：ペーパー（数量、推理、図形、記憶、常識）、巧緻性、運動、行動観察

入試対策

2021年度の入試以降、運動が毎年実施されるようになりました。行動観察の課題に関しては、教室内で行う指示行動的な内容が中心だったので、特別な対策が必要なものではありません。ただ、予期していない課題にお子さまが戸惑ってしまう可能性もあります。変化や変更にしっかりと対応できる準備をしておくことをおすすめします。
ペーパーテストは、数量、推理、図形、常識、記憶といった分野からの出題です。問題はそれほど複雑ではありませんが、解答時間が短く設定されているので、スピード対策が必要な入試と言えるでしょう。内容は理解力や年齢相応の思考力・観察力が求められる標準的な小学校入試になっています。ここ数年は、お話の記憶と見る記憶の両方の問題が出題されています。また、本校の特徴的な問題として、行動推理の問題があります。これは、その場にいない人の行動を考えるという、慣れていないと少し難しい問題です。

- 例年、ペーパーテストの傾向に大きな変化はありません。過去問で傾向をつかみ、基礎学習を徹底して行うようにしてください。基礎学習を幅広く行うことが当校の対策になります。

- 問題数が多く、解答時間も短いため、スピードを意識した対策が必要になります。ただ、基礎ができていなければ、問題を早く解くことはできません。当然のことですが、基礎をしっかり身に付けた上でスピード対策に取り組みましょう。

- 面接では、保護者に対して、子どもといっしょにいる時間、子どもの短所・長所、仕事、趣味、キリスト教の学校についての考えなど、さまざまな内容が質問されます。しっかりと準備をしておきましょう。

- 行動観察は問題数自体多く、また、絵画やダンス創作、演奏などジャンルも幅広い傾向にあります。初めての課題にも慌てることなく臨機応変に対応できる力が必要になります。

「星美学園小学校」について

〈合格のためのアドバイス〉

当校は、聖ドン・ボスコが提唱した「予防教育法による全人間教育」を行うカトリックミッションスクールです。青少年・保護者・教育者が協力・団結した教育共同体の中で、キリスト教的な人間観や世界観を学びます。志望される方は、当校の理性・宗教・慈愛に基づいた予防教育について深く理解する必要があります。

当校は例年、試験の内容を数回の説明会で徐々に明らかにしています。説明会では、お子さまを対象とした、国語・算数・工作の授業体験や、入試体験が実施されています。学校の雰囲気を知ることのできる貴重な機会ですので、できる限り参加しておいた方がよいでしょう。

ペーパーテストは、数量、推理、図形、記憶、常識の分野が出題されました。記憶力、観察力、推理力、思考力が必要な問題が多いことが本校の入試の特徴です。広範囲に渡る出題ですが、ペーパー学習だけでなく実体験や具体物を使った学習で基礎をしっかりと築いておくようにしましょう。

面接は、志願者に対する質問に多くの時間を費やし、家族や幼稚園について聞かれます。自分の考えをしっかり持ち、その考えが伝わるように話しましょう。

そのほかの観点では、整理整頓、お友だちとの関わり方、基本的・模範的な生活習慣の定着などが挙げられます。お子さまは、これらを主に保護者の方から学びます。日頃のご家庭での過ごし方が重要になってきますので、保護者の方は、お子さまの自立や社会性を育む子育てやしつけを心がけましょう。

〈2023年度選考〉

- ◆ペーパーテスト
- ◆巧緻性
- ◆運動
- ◆行動観察
- ◆保護者・志願者面接

◇過去の応募状況

2023年度	男子150名	女子117名
2022年度	男子167名	女子118名
2021年度	男子176名	女子116名

入試のチェックポイント

◇受験番号は…「願書受付順」
◇生まれ月の考慮…「なし」

〈本書掲載分以外の過去問題〉

- ◆推理：入っている水の量が最も多い容器と最も少ない容器を選ぶ。[2019年度]
- ◆推理：水が入ったコップの中で最も高い音が出るものを選ぶ。[2019年度]
- ◆図形：形の異なるピースをすべて使って作ることができる図形を選ぶ。[2019年度]
- ◆常識：違う高さから砂の上に玉を落とした時の状態を選ぶ。[2018年度]
- ◆数量：おかずを組み合わせて、お弁当が何個できるか。[2018年度]

星美学園小学校
過去問題集

〈はじめに〉

現在、少子化が叫ばれているにもかかわらず、私立・国立小学校の入学試験には一定の応募者があります。入試は、ただやみくもに学習するだけでは成果を得ることはできません。志望校の過去における出題傾向を研究・把握した上で、練習を進めていくこと、試験までに志願者の不得意分野を克服していくことが必須条件です。そこで、本問題集は小学校を受験される方々に、志望校の出題傾向をより詳しく知って頂くために、出題頻度の高い問題を結集いたしました。最新のデータを含む精選された過去問題集で実力をお付けください。

また、志望校の選択には弊社発行の「**2024年度版　首都圏・東日本　国立・私立小学校　進学のてびき（５月下旬刊行予定）**」をぜひ参考になさってください。

〈本書ご使用方法〉

◆出題者は出題前に一度問題を通読し、出題内容などを把握した上で、〈 **準　備** 〉の欄に表記してあるものを用意してから始めてください。
◆お子さまに絵の頁を渡し、出題者が問題文を読む形式で出題してください。問題を読んだ後で、絵の頁を渡す問題もありますのでご注意ください。
◆「**分野**」は、問題の分野を表しています。弊社の問題集の分野に対応していますので、復習の際の目安にお役立てください。
◆一部の描画や工作、常識等の問題については、解答が省略されているものがあります。お子さまの答えが成り立つか、出題者が各自でご判断ください。
◆〈 **時　間** 〉につきましては、目安とお考えください。
◆本文右端の［**○年度**］は、問題の出題年度です。［**2023年度**］は、「2022年の秋に行われた2023年度入学志望者向けの考査で出題された問題」になります。
◆**学習のポイント**は、指導の際にご参考にしてください。
◆**【おすすめ問題集】**は各問題の基礎力養成や実力アップにご使用ください。

〈本書ご使用にあたっての注意点〉

◆文中に **この問題の絵は縦に使用してください。** と記載してある問題の絵は縦にしてお使いください。
◆〈 **準　備** 〉の欄で、クレヨン・クーピーペンと表記してある場合は12色程度のものを、画用紙と表記してある場合は白い画用紙をご用意ください。
◆文中に **この問題の絵はありません。** と記載してある問題には絵の頁がありませんので、ご注意ください。なお、問題の絵の右上にある番号が連番でなくても、中央下の頁番号が連番の場合は落丁ではありません。
下記一覧表の●が付いている問題は絵がありません。

問題１	問題２	問題３	問題４	問題５	問題６	問題７	問題８	問題９	問題10
							●	●	●
問題11	問題12	問題13	問題14	問題15	問題16	問題17	問題18	問題19	問題20
●									
問題21	問題22	問題23	問題24	問題25	問題26	問題27	問題28	問題29	問題30
					●	●	●	●	
問題31	問題32	問題33	問題34	問題35	問題36	問題37	問題38	問題39	問題40
問題41	問題42	問題43	問題44	問題45					
			●	●					

㊢ 先輩ママたちの声！

◆実際に受験をされた方からのアドバイスです。
ぜひ参考にしてください。

星美学園小学校

・面接前は私も主人も緊張していましたが、息子は意外にも平気そうでした。シスターがとても優しく接してくださったおかげだと思います。

・1人ひとりをしっかり観るテストです。しっかりと対策を立てたほうがよいと思いました。

・面接では、家庭や子どものことを細かく聞かれたので、親子はもちろん、家庭内でしっかりとコミュニケーションをとっておく必要があると思います。

・ペーパーテストの開始前に名前を書かされたそうです。評価に関係あるのかはわかりませんが、準備をしておいた方がよいでしょう。

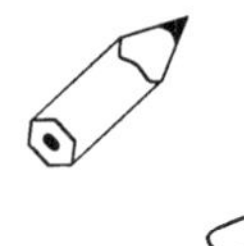

◎学習効果を上げるため、前掲の「家庭学習ガイド」及び「合格のためのアドバイス」をお読みになり、各校が実施する入試の出題傾向を、よく把握した上で問題に取り組んでください。
※冒頭の「本書のご使用方法」「ご使用にあたっての注意点」も併せてご覧ください。

2023年度の最新入試問題

問題1　分野：数量（たし算・ひき算、比較）

〈準備〉　鉛筆

〈問題〉　**この問題の絵は縦に使用して下さい。**
①電線にスズメが９羽止まっています。そのうち２羽が飛んでいきました。何羽残っているでしょうか。下の四角にその数だけ○を書いてください。
②シャベルとスコップとスプーンを使って、土に同じ大きさの穴を掘りました。穴を掘り終わるまでに１番長く時間がかかったものに○をつけてください。
③上のミカン２個とリンゴ１個が同じ重さです。では、下の絵でそれぞれ重い方に○をつけてください。

〈時間〉　各10秒

〈解答〉　①○：7　②右端（スプーン）
③左下：リンゴ３個、中央上：リンゴ２個、右下：ミカン４個

学習のポイント

当校の入試の特徴の一つに、数量という大きなくくりの問題の中に、複数の分野の問題が出題されることがあります。この問題の場合でも、①は数の操作（増減）、②は大きさと量、③はシーソーによる比較が出題されています。このような出題方式の対策は、一問一問確実に解くことを身につけることです。そのためには、問題を集中して最後まで聞き、言われたことを理解することが求められます。その上で、各設問に挙げられていることを焦らず、しっかりと解いていきましょう。また、知識に頼り解いていく問題だけではなく、日常生活に関係した内容が含まれる問題も出題されています。その対策として、生活体験も取り入れた学習をおすすめいたします。全体的な取り組みとして、基本的な問題はしっかりと正解し、取りこぼしのないようにしましょう。この問題では、最後のシーソーの問題が難しいように見えますが、落ち着いて取り組めば、解けると思います。できなかったときは、代用するものを用意し、実際に操作してみましょう。

【おすすめ問題集】
Ｊｒ・ウォッチャー15「比較」、33「シーソー」、38「たし算・ひき算１」、39「たし算・ひき算２」

問題2　分野：図形（点結び・回転図）

〈準備〉　鉛筆

〈問題〉　①（問題2－1の絵を渡す）
上のお手本の形と同じように、点と点を結んで下に書いてください。
この問題の絵は縦に使用して下さい。
②（問題2－2の絵を渡す）
上の絵を見てください。2枚の絵の●と▲と■をそれぞれぴったり合うように重ねます。次に、重ねた後ろ側の紙を、●と▲が右の絵のようになるように回転させると、2枚の紙の形はどのようになるでしょうか。正しいものを下から探して○をつけてください。下も同じようにやってください。

〈時間〉　各1分

〈解答〉　①省略　②上：左から2番目、下：右から2番目

学習のポイント

どちらの問題も共通しているのは位置関係の把握です。①の設問は位置関係に運筆が加わり、②の設問では回転が加わっています。運筆ですが、筆記用具を正しく持ち、手首を使って書けていたでしょうか。点と点の間を通る斜め線は難易度の高い線となります。筆記用具を正しく持ち、手首の正しい使い方をしなければ、なかなか綺麗な線は書けません。線ですが、長い真っ直ぐな線を描く練習も有効ですから取り入れてみてください。そして、設問②の2問目には三角形が出てきます。三角形は上の頂点の位置が変化し、回転図形の問題の中でもやっかいな形の一つと言われています。回転したマスに描かれてある記号の一関係に三角形の向きが加わります。このような問題でも、焦らず、1つひとつを確認して解いていけば、無理なく解くことができると思います。このような問題を自宅で取り組むときは、解答時間も大切ですが、まずは最後まで解き、言われたことを理解し、正解できるかを観てください。正解できているようであれば、類似問題を繰り返し解いていくことで解答時間も短くなっていきます。

【おすすめ問題集】
Ｊｒ・ウォッチャー46「回転図形」、51「運筆①」、52「運筆②」

問題3 分野：図形（四方からの観察・パズル）

〈準　備〉　鉛筆

〈問　題〉　**この問題の絵は縦に使用して下さい。**
①（問題３－１の絵を渡す）
上の積んである積み木を矢印の方から見ると、どのように見えるでしょうか。
正しいものに○をつけてください。
この問題の絵は縦に使用して下さい。
②（問題３－２の絵を渡す）
○、▲、×のところに当てはまるピースを下の四角の中から探して○をつけてください。

〈時　間〉　各30秒

〈解　答〉　①上の段：右端、下の段：右端　②○：真ん中、×：右端、▲：右端

学習のポイント

四方からの観察は、口頭で説明しても、なかなか理解はできないと思います。ですから、このような問題の場合、先ずは、お子さまに積み木で同じように積ませてください。自分で操作をすることで、左右の状況が分かりますし、頭の中でも積み木を組み立てることができるようになります。あとは、頭の中で積んだ積み木の観る方向を変えて観察すれば答えることができます。この四方からの観察は、位置の移動と共通するポイントがあります。位置の移動の場合、向こう側から手前に移動する際、正面から見ると、位置が反対になります。こちら側から観た右は向こう側から観たときの左と同じです。このように、解く力を応用して答えることは大切です。あとは落ちついて解きましょう。パズルの問題については、接続するマスに描かれてある線の位置がポイントなります。ピース間の線の一関係が分かれば解けるようになります。明らかに違うピースを選択肢から削除し、選択肢の数を減らして解いていく方法も有効です。

【おすすめ問題集】
Ｊｒ・ウォッチャー3「パズル」、10「四方からの観察」、
53「四方からの観察（積み木編）」

家庭学習のコツ①　「先輩ママのアドバイス」を読みましょう！

本書冒頭の「先輩ママのアドバイス」には、実際に試験を経験された方の貴重なお話が掲載されています。対策学習への取り組み方だけでなく、試験場の雰囲気や会場での過ごし方、お子さまの健康管理、家庭学習の方法など、さまざまなことがらについてのアドバイスもあります。先輩ママの体験談、アドバイスに学び、ステップアップを図りましょう！

問題4　分野：常識

〈準備〉　鉛筆

〈問題〉　2人が公園で遊んでいる場面です。絵を見てください。
①公園にきれいな花が咲いていました。2人がしたことでよいと思う絵に○をつけてください。
②友達が転んだことに気が付きました。2人がしたことでよくないと思う絵に○をつけてください。
③お家に帰っておやつを食べました。2人の食べ方でよいと思う絵に○をつけてください。
④帰るときに狭い道を通りました。2人のしたことでよいと思う絵に○をつけてください。
⑤横断歩道を渡るとき救急車がサイレンを鳴らしてきました。2人のしたことでよくないと思う方の絵に○をつけてください。

〈時間〉　各10秒

〈解答〉　①右　②右　③左　④右　⑤左

学習のポイント

一般常識の問題です。保護者の方からすれば、我が子はこれぐらい大丈夫と思われる方も多いと思います。しかし、実際に解答させると、保護者の方の期待とは逆の結果が出た。ということはよくある話です。恐らくこの問題もそのようなことが起きているのではないでしょうか。このような現象は、コロナ禍になってから特に多く見られます。その原因として生活体験不足が挙げられるとみています。コロナ禍の生活において、人との関わりの最小限の単位は「家族」でした。それは今でも変わりませんが、その「家族」間での、関わり方をどのように重ねてきたかが、公衆道徳に関する常識問題のターニングポイントとなります。また、このような常識の問題はできる子と、できない子が2極化される問題の1つになります。入試において、このような問題を正解するか，不正解するかで合否に多きく影響します。しっかりと正解できるように生活体験を重視した生活を来るようにしましょう。

【おすすめ問題集】
Ｊｒ・ウォッチャー12「日常生活」、56「マナーとルール」

問題5　分野：記憶（見る記憶）

〈準 備〉　鉛筆

〈問 題〉　**5－3の絵は縦に使用して下さい。**

（5－1の絵を渡す）
この絵をよく見て覚えてください。
（20秒後、5－1の絵を伏せ、5－3の絵を渡す）
①ゾウのいた場所に○を書いてください。
②パンダがいた場所に×を書いてください。
③ネズミがいた場所に◎を書いてください。
（5－2の絵を渡す）
この絵をよく見て覚えてください。
（20秒後、5－2の絵を伏せ、5－3の絵を渡す）
④ロボットの顔に書いてあった形を書いてください。

〈時 間〉　各20秒

〈解 答〉　下図参照

学習のポイント

見る記憶の問題を解く力を付けるのに、近道はありません。少しずつ練習を重ね、力をつけていく分野の一つとなります。よくトランプを使って神経衰弱を取り入れる話がありますが、記憶力を付けるのに、いきなり52枚のカードを使ったのでは力を付ける練習とは言えません。おすすめは、トランプの枚数を４枚から始め、少しずつカードを増やしていく方法です。何枚まで全問正解を続けることができるかというゲームに変えて行います。カードが増えるにつれ、集中力も必要になってくるため、集中力を伸ばす対策としても有効です。この２問は記憶による位置の把握と、絵の記憶に別れています。見る記憶の問題としてはどちらも難易度の低い問題となりますので、しっかりと練習をして、全問正解を目指しましょう。学習をしているとき、お子さまがヤマを張って記憶していると感じた時などは「腕が下がっていたロボットは幾つありましたか。その数を教えてください」と問題をアレンジしてみるのもおすすめです。問題を解くにあたり、ヤマを張って問題に対峙することほど危ういことはありません。出題者の話を最後までしっかりと聞き、言われたことに正しい対応ができるようにしてください。

【おすすめ問題集】
Ｊｒ・ウォッチャー20「見る記憶・聴く記憶」

問題6　分野：お話の記憶

〈準備〉　鉛筆

〈問題〉　今日は、星の子幼稚園の遠足の日です。行くところは、星の子の森です。みんなは元気に歌を歌いながら行きました。森にはイチョウの葉やモミジの葉がたくさん落ちていて、歩くとカサカサという音がしました。リュックサックを置き、初めにみんなで縄跳びをして遊びました。次は、遊具で遊ぶ時間でした。花子さんは、ブランコ、滑り台、それから上り棒の順番で遊びました。遊んでいるうちにお弁当の時間になりました。太郎君のお弁当箱には、おにぎり、トマト、リンゴ、ウインナー　が入っていました。お弁当を食べた後は、みんなでどんぐり拾いをしました。太郎君は、どんぐりを3個とイチョウの葉っぱを２枚拾いました。どんぐり拾いをしていると、雨が降ってきました。先生が、「皆さん、リュックからレインコートを出しましょう」と言ったのでレインコートを着ました。花子さんのレインコートは、ポケットのところにウサギと傘の絵が描いてありました。大きな木があったので、その下で雨宿りをしていると、まもなくして雨もやみ、きれいな虹がでました。帰りはきれいな虹を見ながら歩きました。とても楽しい遠足でした。

（６－１の絵を渡す）
①星の子森でみんなが1番初めにした遊びに○をつけてください。
　星の子森で花子さんが遊ばなかった遊具全部に×をつけてください。
（６－２の絵を渡す）
②太郎君のお弁当に入っていたもの全部に○をつけてください。
③太郎君がドングリ拾いの時に拾ったものに○をつけてください。
④花子さんのレインコートに○をつけてください。

〈時間〉　各10秒

〈解答〉　下図参照

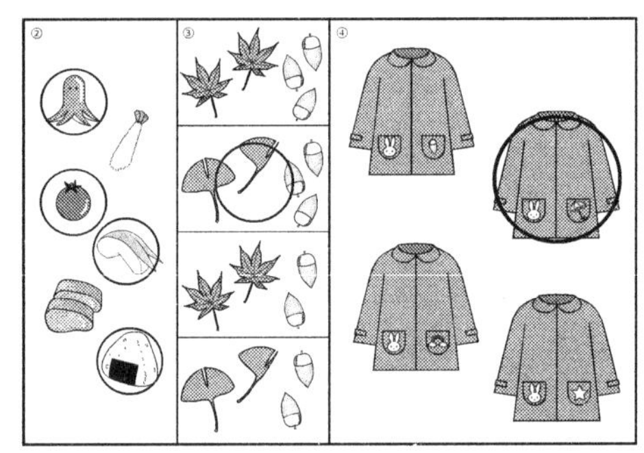

学習のポイント

お話の記憶は読み聞かせの量が比例すると言われています。お子さまはしっかりと記憶できていたでしょうか。この問題のポイントは設問①の花子さんが遊ばなかった遊具について質問したものです。お子さまの記憶の中には、遊んだ遊具が記憶されていると思います。記憶があやふやだと、この時点で記憶が飛んでしまったり、混乱してしまうと思います。保護者の方は、お子さまが解答しているときの様子を観察し、しっかりと記憶できていたかをチェックしてください。チェックしたことは、保護者の方の胸の内にしまい、今後の対策に生かしてください。また、お話の記憶は自分が体験したことや、知っている内容などの場合、記憶しやすいと言われてますが、コロナ禍の生活を強いられたお子さまは、生活体験量が多くありません。ですから、試験までしっかりと読み聞かせなどをして、記憶する力をしっかりと身につけるようにしましょう。

【おすすめ問題集】
1話5分の読み聞かせお話集①・②、お話の記憶問題集 初級編・中級編
Ｊｒ・ウォッチャー19「お話の記憶」、20「見る記憶・聴く記憶」

問題7　分野：言語・常識

〈準備〉　鉛筆

〈問題〉　（7－1の絵を渡す）
①「恥ずかしい」という言葉にあう絵に○をつけてください。
「うれしい」という言葉にあう絵に×をつけてください。
（7－2の絵を渡す）
②ほしこさんと、まもる君と、あかりさんは公園で遊んでいました。お昼ご飯の時間になったので、まもる君が「お昼ご飯を食べたら、本屋さんへ行こうよ。ポストの前で待ち合わせをしよう」と言いました。そして、みんなはお家へ帰りました。まもる君とあかりさんは、待ち合わせの場所に着き、ほしこさんを待っていましたが、なかなか来ません。「何か用事でもできたのかな」と言って、2人は本屋さんへ先に行くことにしました。遅れてしまったほしこさんは慌てて家を飛び出し、待ち合わせ場所へ行きました。

①3人がお昼ご飯を食べる前にいた所に○をつけてください。
②お昼ご飯の後に待ち合わせしたところに○をつけてください。
③遅れたほしこさんは、まず初めにどこへ行きましたか。○をつけてください。

〈時間〉　各10秒

〈解答〉　下図参照

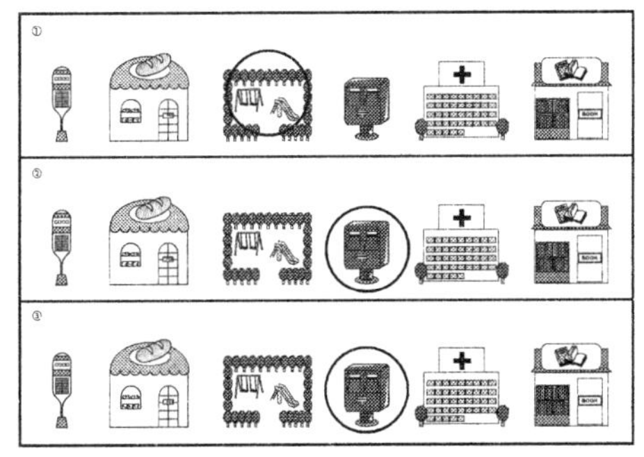

学習のポイント

お話を聞いて設問に答える、お話の記憶のような問題ですが、設問の内容は記憶だけでなく、常識的な内容も含まれています。お子さまがこの問題と解くとき、お話の記憶だと認識し、お話をしっかりと聞いていたでしょうか。前のお話の記憶の問題を解いたときに、話を聞く大切さを認識していれば、この問題のお話は能動的に、集中して聞く姿勢が見えると思います。保護者の方は、このようなお子さまの問題に対する姿勢もしっかりと観察してください。もし、問題ができていなかったとしても、聞く姿勢を褒めてあげえば、お子さまは、聞くことに自信を持つことでしょう。自信は一気に増えていくものではありません。少しずつ力が付いてきて、できることも増えてきます。保護者の方は、お子さまができるようになるためにどうサポートしていくか、これが大切な役目になります。焦らず、お子さまが能動的に取り組みたくなるような環境作りを心がけてください。

【おすすめ問題集】
Ｊｒ・ウォッチャー12「日常生活」

問題8　分野：巧緻性（絵画）

〈準備〉　クレヨン、画用紙（大きな○と小さな丸を書いておく）

〈問題〉　**この問題の絵はありません。**
大きい○と小さい丸が書いてあります。この○を使って、絵を描いてください。

〈時間〉　５分

〈解答〉　省略

学習のポイント

お子さまは、どのような絵を描いたでしょう。保護者の方が予想していたものでしたか。それとも予想外のものだったでしょうか。絵に制限はありませんので、自由に、のびのびと描きましょう。指導をする際、お子さまに制限をかけるような言葉をかけたりするのはおすすめできません。また、小さく色々なものを書くよりも、もとの○を使って楽しい絵が描けるようにしましょう。この小さくという点は、この問題に限定したことではありません。自由絵画、課題画などにも共通して言えることです。このような絵画の練習をするときなどは、楽しいお話をしたあとに書いたり、読み聞かせと組み合わせて感想画を描くなどしてもよいと思います。また、せっかく描いた絵は、しまってしまうのではなく、家族の目に止まる場所、玄関、リビング、トイレなどに飾ってあげるのはいかがでしょうか。

【おすすめ問題集】
実践　ゆびさきトレーニング①・②・③、Ｊｒ・ウォッチャー23「切る・貼る・塗る」

問題9　分野：運動

〈準 備〉　マット（それに代わるもの）、ボール（大きめの物）

〈問 題〉　**この問題の絵はありません。**
・ドッチボールをしましょう。ボールは転がしてやります。当たった人は、枠から出て三角座りで待ちましょう。
・マットの上で片足立ちをしましょう。

〈時 間〉　適宜

〈解 答〉　省略

学習のポイント

保護者の方は、この問題でのチェック項目がいくつ浮かびますか。運動、行動観察などでは、問題に取り組む前に、この作業を保護者の方にしてもらいたいと思います。こうした問題は、できた、できなかったも大切ですが、それ以上に大切なことがいくつもあります。指導する側がそのチェックポイントを把握していなければ、その後の指導はできません。そして、大切なことは、チェックポイントとして挙げたことを、日常生活に落とし込んで取り入れることにあります。例えば「当たった人は、枠から出て三角座りで待ちましょう」と指示が出ています。まず、当たったときに直ぐに、次の行動に移れますか。当たったあと、三角座りをして待てるでしょうか。隣のお友達などと話したり、ちょっかいを出したりしていませんか。このように、競技以外でも、大切なチェック項目がいくつもあります。特にコロナ禍になってから、我慢のできない子、集中力の短い子が多くなってきているといわれています。黙って待つ、集中した状態を保つなども入試では大切な観点です。つい、協議内容に目が行きがちになりますが、競技以外のことにも目を向けるように心がけてください。

【おすすめ問題集】
新運動テスト問題集、Ｊｒ・ウォッチャー28「運動」

問題10　分野：行動観察

〈準 備〉　缶10個ほど、バナナの曲（この曲に変わる軽快な曲）

〈問 題〉　**この問題の絵はありません。**
・みんなで協力して、ここのある缶を高く積んでタワーを作りましょう。崩れたら初めからやり直してください。
・チームで相談をして、曲に合わせ振付を考え、踊って発表してください。

〈時 間〉　適宜

〈解 答〉　省略

学習のポイント

コロナ禍の生活を強いられたお子さまたちにとって、弱点を突く問題だと思います。入試は初めて会ったお友達と、話し合い、共同作業を行います。しかも、缶を高く積むことは大人でも難しいことです。この問題のポイントは、高く積むための工夫、積極的に参加する誠意や意欲、そして崩れたときの対応などが挙げられます。コロナ禍でお友達との関わりが希薄だったお子さまは、このような課題に対してどのような取り組みを見せるのでしょう。また、その後振り付けを考えて踊りを発表しますが、気持ちの切り替えはできていますか。缶を積むことは失敗の連続です。その失敗を引きずっていたら、よい発表はできません。その様な点で気持ちの切り替えが求められます。ダンスは、ダラダラせず、積極的に、楽しく踊るようにしましょう。上手、下手ではなく、工夫や意欲などが観られています。そのためには「楽しむ」ことを第一に、色々な曲を使って練習してください。

【おすすめ問題集】
Ｊｒ・ウォッチャー29「行動観察」

問題11 分野：面接

〈準備〉 なし

〈問題〉 **この問題の絵はありません。**

【志願者へ】
・名前を教えてください。
・登校まで何で来ましたか。
・園で仲の良いお友達の名前を３人教えてください。
・園での好きな遊びを教えてください。
・園で褒められたことを教えてください。また、どんな時に褒められましたか。
・好きな動物を2つ教えてください。どうしてその動物が好きなんですか。
・好きな食べ物と嫌いな食べ物は何ですか。
・お母さんの料理で何が好きですか。
・お休みの日は何をしていますか。
・習い事はしていますか。何を習っていますか。
・お家では何をして遊びますか。
・お手伝いは何をしていますか。
・お手伝いをしたとき、お家の人は何と言ってくれますか。

【父親へ】
・お子さまの成長を感じることはどのようなことですか。それはどんな時ですか。

【母親へ】
・しつけで気をつけていることを教えてください。
・お家での約束事はありますか。それはどのようなことですか。

〈時間〉 15分程度

〈解答〉 省略

学習のポイント

お子さまの質問は多岐にわたっていますが、保護者の方の質問は、大別するとお子さまのしつけ、成長に関することが多いようです。この質問もコロナ禍の生活について観ているとも推測できます。質問がシンプルなものほど、回答時の姿勢、言葉の強さ、回答の背景、保護者の方の信念など、回答以外のことが観られます。ですから、学校側が求めている回答を模索し、それにマッチさせよう。という作業はムダです。仮にそれで回答した場合、学校側は、その様な対策をし、回答していると直ぐに見抜きます。ですから、試験前には、志望動機など学校側に提出した原稿を読み返し、保護者間でしっかりと話し合いをし、自分の家庭の子育てに自信を持てるように高め合うことがおすすめです。お子さまの面接は、回答内容もさることながら、初めての大人との会話をしっかりと、スムーズに行うことができたか。になります。目を見る、大きな声で伝える、姿勢、会話のマナーなどがこれに当たります。これらは、日常生活を通して身につけるように心がけてください。面接官は優しい言葉で語りかけてくれますが、友達ではありませんので、言葉遣いなどにも注意してください。

【おすすめ問題集】

新小学校受験の入試面接Ｑ＆Ａ、家庭で行う面接テスト問題集、
保護者のための面接最強マニュアル

問題12　分野：数量（選んで数える、たし算・ひき算）

〈準 備〉　鉛筆

〈問 題〉　①の絵を見てください。花の絵が描いてあります。ふたつの数を合わせると、いくつになりますか。その数だけ、下の四角の中に、○を書いてください。
②の絵を見てください。リンゴの絵が描いてあります。ふたつの数の違いは、いくつになりますか。その数だけ、下の四角の中に、○を書いてください。

〈時 間〉　各10秒

〈解 答〉　①○：5　②○：1

［2022年度出題］

学習のポイント

数量の問題の中でも、数の和と差を求める、基本的な問題です。数は5つまでしか出題されていませんので、さほど難しくはありません。①の「合わせていくつですか？」という問題は、左から順番に全ての花の数を数えていく、もしくは、左の四角の中は3つの○、右の四角の中は2つの○を順に書いていけば、答えを出すことができます。この問題は、基本的な数量概念があるかどうかを観ているものです。おおよそのお子さんは目で見ただけで合計数や差はわかるでしょう。ですから、解答時間も短く設定されているものと思われます。確実に正解を取りたい問題ですが、○の書き方ひとつで、そのお子さんの様子も映し出してしまうので、○はきちんと丁寧に書くことを日頃から心がけましょう。

【おすすめ問題集】
Ｊｒ・ウォッチャー14「数える」、38「たし算・ひき算１」、
39「たし算・ひき算２」

問題13　分野：数量（一対多の対応）

〈準 備〉　鉛筆

〈問 題〉　左の絵を見てください。
①ケーキの上にイチゴを１個ずつのせます。あと何個必要ですか。その数だけイチゴの横の四角に○を書いてください。
②次に、ケーキのお皿にフォークを置きます。何本必要ですか。その数だけフォークの横の四角に○を書いてください。
③最後にジュースのコップにストローを入れます。あと何本必要ですか。その数だけストローの横の四角に○を書いてください。

〈時 間〉　各10秒

〈解 答〉　①○：2　②○：3　③○：3

［2022年度出題］

学習のポイント

①の問題は、一番下のケーキだけイチゴがのっていて、このケーキと同じようにするためには、いくつイチゴが足りないかを求められています。以下②③の問題も、１対多対応の問題ですが、②の問題は、「ケーキのお皿にフォークを置きます」と説明があります。絵には、コーヒーカップもお皿にのって描かれているので、しっかり説明を聞いていないと、コーヒーのお皿の数も数えてしまうかもしれません。日常生活でも、お話はしっかり聞けているかどうか、お子さんに、幼稚園や保育園での先生からどんなお話があったかなどを毎日聞きましょう。お手伝いなどの中でも、手順などを口頭で説明し、その通りにできているか確認することもよいと思います。このような問題への対応は、お手伝いを沢山することで、生活の中で自然と学ぶことができます。

【おすすめ問題集】
Ｊｒ・ウォッチャー30「生活習慣」、42「一対多の対応」

問題14　分野：数量（数える）

〈準備〉　鉛筆

〈問題〉　①三輪車と自転車の絵が描いてあります。タイヤの数は、合わせて何個でしょうか。横の四角に○を書いてください。
②自転車と車の絵が描いてあります。タイヤの数は、合わせて何個でしょうか。横の四角に○を書いてください。

〈時間〉　20秒

〈解答〉　①○：5　②○：6

［2022年度出題］

学習のポイント

単純な足し算ではなく、「三輪車はなぜ三輪車というのか」「自転車の車輪はいくつなのか」「車のタイヤはいくつなのか」という常識問題でもあります。解答用紙には、①の三輪車も②の自動車も、真横から見たままの状態で描かれてあり、あえて車輪は２つしか描かれていません。よって、問題をしっかり聞いていないと、絵を見たまま○を４つ書くだけのお子さんもいるでしょう。この問題にも、どこまで問題の意味が捉えられていたか、が問われています。最近では、実物の三輪車を目にすることが難しくなりましたが、こういう問題に触れることによって、乗り物の車輪の数やどこをどのように走っているのか、家族で話してみることも良いきっかけになると思います。

【おすすめ問題集】
Ｊｒ・ウォッチャー14「数える」

問題15　分野：数量（選んで数える・数の構成）

〈準備〉　鉛筆

〈問題〉　上の四角は、白と黒の宝石が入っている箱です。下の四角は、上の宝石で作ったネックレスです。では、どの四角に入った宝石で、どのネックレスを作ったのか、線を引いて上と下の点をつないでください。

〈時間〉　40秒

〈解答〉　下図参照

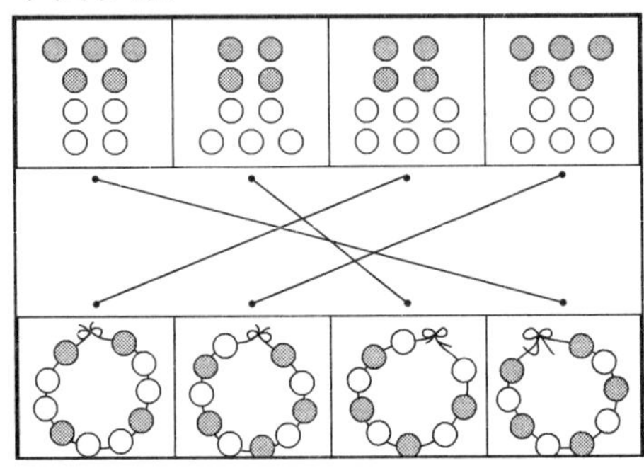

［2022年度出題］

学習のポイント

この問題は、数を数えるだけではなく、色別の数の把握と下の選択肢との比較・一致を見極めることが求められています。色別で数を数え、白黒がそれぞれいくつであるかの記憶、下のネックレスは、白黒決まった並びではないので、確実に数を数え、上の選択肢と合致させなければいけません。解き方は、いくつかあります。上の選択肢の白黒の丸の数をそれぞれ数え、下のネックレスの丸の数も数え、同じ数どうしの中で、白と黒を突き合わせていくやり方、もう一方では、恐らく、●の方が印象深く数えやすいかと思うので、まずは●を数え、下のネックレスと●の合致しているもの同士で考えていくやり方です。どちらにしろ、選択肢を絞っていくことが重要です。選択肢が絞れたら、あとは残った選択肢どうしの違いを探り、解答を導きます。

【おすすめ問題集】
Ｊｒ・ウォッチャー14「数える」、37「選んで数える」、41「数の構成」

問題16　分野：図形（点図形・模写）

〈準備〉　鉛筆

〈問題〉　上の形と同じになるように、点と点を結んでください。３つとも同じようにやってください。

〈時間〉　１分

〈解答〉　省略

［2022年度出題］

学習のポイント

点図形の問題です。点図形は、運筆の基礎です。難しいものでなくてもよいので、毎日続けることをお勧めいたします。点と点を結ぶ、点から点へまっすぐな線を書く、間違えないように慎重に線を引く、など、普段から取り組む姿勢を意識することが大切です。回転や反転などをした、複雑な点図形ではないので、しっかりと点と点を結び、線は歪まずまっすぐに引けるよう、姿勢を正し、慎重に取り組んでいきましょう。鉛筆の持ち方も関係してきますし、左から右、もしくは上から下へ書き進めるのが基本ですが、左利きのお子さんは、右側から書き始め、書いた線がきちんと見えるように進めていくとよいでしょう。点図形は、線の書き間違えが多くなるほど、訂正の印が増え、正しい線がどれなのか、本人も採点者もわかりにくくなってしまうものなので、ここは慎重に座標を見極め、一度でしっかりと模写ができるように練習をしていきましょう。

【おすすめ問題集】

Ｊｒ・ウォッチャー1「点・線図形」、2「座標」、51「運筆①」、52「運筆②」

問題17　分野：図形（回転図形）

〈準備〉　鉛筆

〈問題〉　上の四角の中の形を回すと、どの形ができますか。下の３つの中から、正しいもの１つに○をつけてください。２つとも同じようにやってください。

〈時間〉　40秒

〈解答〉　①右端　②右端

［2022年度出題］

学習のポイント

この回転図形は、「左右どちらへ、何回転したか」は、説明がありません。ですので、○や×、黒く塗りつぶされた四角の位置関係をきちんと把握していることが問題を解くカギです。①は、○と×が対角線上にあること、黒い四角は○とはひとつ間を空けて角に位置していること、×のすぐ隣にあることに気が付けば、見本の形を回転させた状態を考えずとも、消去法で右端の図が答えだとわかります。②も位置関係を考えます。左の図では、×が左下にあります。見本の形も×が左下くるように回転させると、○や黒い四角の位置が一致しないことがわかります。よって、選択肢がひとつ減ります。中央の図も同様に考えます。×が右上にあるので、見本の形も×が右上にくるように回転させて比較します。解答時間が40秒と短いので、答えを早く導く方法としては、消去法で求められるように、色々な考え方を練習しておきましょう。

【おすすめ問題集】

Ｊｒ・ウォッチャー５「回転・展開」、46「回転図形」、47「座標の移動」

問題18　分野：推理（歯車）

〈準備〉　鉛筆

〈問題〉　星印（☆）の絵を見てください。この問題のお手本です。絵にあるようなデコボコした丸いものを歯車といいます。左の白い歯車を矢印の方へ回すと、右の歯車は黒い矢印の方に回ります。それでは、問題です。左端の歯車を矢印の方へ回したとき、右端の歯車はどちらの方に回るでしょうか。回る方の矢印に、○をつけてください。２つとも同じようにやってください。

〈時間〉　40秒

〈解答〉　下図参照

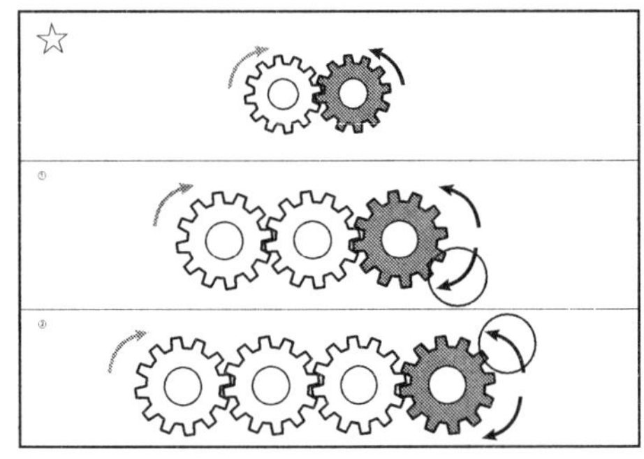

［2022年度出題］

学習のポイント

歯車の問題は、久しく入試では出なかった問題ですので、このような問題を全く目にしたことのないお子さんもいたと思います。歯車の動きを実物で目にすることは、なかなかできないものだとは思いますので、左右の指を使って、歯の動きを理解しておくとよいでしょう。歯車は、噛み合った歯は、お互いに反対方向に回ります。星印のお手本にもそのように回るということで考え方（矢印）が示されています。例えば、①の、右端の歯車は、真ん中の歯車と反対の方向に回ります。つまり、①は左端から右→左→右、②は右→左→右→左となります。経験やこの仕組みを理解できないと難しいものですが、この原理さえわかってしまえば、とても簡単に解ける問題です。

【おすすめ問題集】
Ｊｒ・ウォッチャー31「推理思考」

家庭学習のコツ②　「家庭学習ガイド」はママの味方！

問題演習を始める前に、試験の概要をまとめた「家庭学習ガイド（本書カラーページに掲載）」を読みましょう。「家庭学習ガイド」には、応募者数や試験課目の詳細のほか、学習を進める上で重要な情報が掲載されています。それらの情報で入試の傾向をつかみ、学習の方針を立ててから、対策学習を始めてください。

問題19　分野：図形（回転・展開）

〈準備〉　鉛筆

〈問題〉　四角い紙を真ん中で半分に折ります。半分に折った紙を、点線に沿ってハサミで切ります。ハサミで切った後に開くと、どんな形になっていますか。正しいものに○をつけてください。３つとも同じようにやってください。

〈時間〉　１分

〈解答〉　下図参照

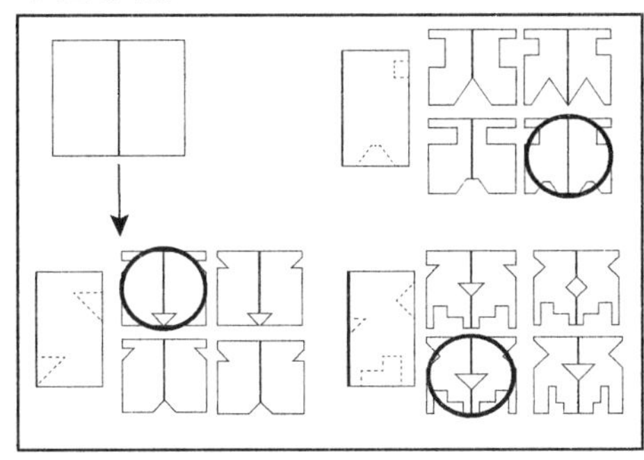

［2022年度出題］

学習のポイント

折り紙を半分に折って、指示された部分を切り取り、開いた時の状態を考える問題です。どの学校の試験でも頻繁に出る問題なので、しっかり対策をしましょう。この問題の難しいところは、折り目の中心線が多少太く書かれているだけで、紙を折った時の立体的なイメージの絵ではないため、戸惑うかもしれません。絵を見て、どこが折り目か、しっかり把握する必要があります。対策としては、折り紙や画用紙を半分に折って、折り目の中心部分や端の部分を切って開いてみるということの繰り返しと、鏡図形の学習を重ねることです。切り取って出来た状態が、鏡図形になっていることがわかると、半分に折って切った時だけではなく、４分の１に折った時、三角に折った時など、どんどん応用して展開したときの状態を描けるようになっていきます。この問題の解答も、微妙な違いの選択肢が並んでいるので、細部の違いに気付かないと、間違えやすいでしょう。１つひとつ確実に、切り取った形や大きさを確認して解答しましょう。

【おすすめ問題集】
Ｊｒ・ウォッチャー５「回転・展開」、48「鏡図形」

家庭学習のコツ③　**効果的な学習方法～問題集を通読する**

過去問題集を始めるにあたり、いきなり問題に取り組んではいませんか？　それでは本書を有効活用しているとは言えません。まず、保護者の方が、すべてを一通り読み、当校の傾向、ポイント、問題のアドバイスを頭に入れてください。そうすることにより、保護者の方の指導力がアップします。また、日常生活のさまざまなことから、保護者の方自身が「作問」することができるようになっていきます。

問題20 分野：常識（生活習慣）

〈準 備〉 鉛筆

〈問 題〉 お話を聞いて、よいことをしている動物全部に○をつけましょう。
①の問題です。
転んで泣いているお友達を見つけました。その時、
クマ：近くの大人に助けを求めました。
ウサギ：そのまま通り過ぎました。
サル：「大丈夫？」と声を掛けました。

②の問題です。
お話を聞いて、悪いことをしている動物全部に×をつける問題です。
公園にあるブランコに乗って遊んでいると、お友達から「交代して」と言われました。
クマ：「やだよ」と断りました。
ウサギ：「少し漕いだら、代わるね」と言いました。
サル：「どうぞ」と譲りました。

③の問題です。
お話を聞いて、悪いことをしている動物全部に×をつける問題です。
教室で誰かのハンカチが落ちているのを見つけました。
クマ：自分のポケットにしまいました。
ウサギ：名前を確かめて、持ち主に届けました。
サル：踏んで通り過ぎました。

④の問題です。
お話を聞いて、よいことをしている動物全部に○をつける問題です。
食事の前に手を洗いに行ったら、お友達が先に並んでいました。
クマ：手を洗うのをやめました。
ウサギ：列のいちばん後ろに並びました。
サル：並んでいる列の途中に割り込みました。

⑤の問題です。
お話を聞いて、悪いことをしている動物全部に×をつける問題です。
廊下でお友達とぶつかってしまいました。
クマ：「ぼーっとしている君がわるいんだよ」と言いました。
ウサギ：何も言わずに行ってしまいました。
サル：「ごめんね」と言いました。

〈時 間〉 各10秒

〈解 答〉 ①○：クマ、サル　②×：クマ　③×：クマ、サル　④○：ウサギ
⑤×：クマ、ウサギ

［2022年度出題］

学習のポイント

この問題は、常識・マナーの問題です。幼稚園や保育園、ご家庭での日常生活で、よいこと悪いことを学んでいきますが、お子さんが悪いことをしてしまった時に、ただ叱るのではなく、「どうしてそうしたのか」理由を聞きましょう。その理由が、子どもの感覚だと正当と考えられることもあるかもしれません。もし、考え方に誤りがあれば、きちんとお子さんが理解・納得できるよう、大人が説明する必要があります。この問題で少し難しいのは、②のウサギの発言ではないでしょうか？ブランコに乗って遊んでいたら、友達から「交替して」と言われ、ウサギは「少し漕いだら代わるね」と言いました、とあります。この問題は、悪いことをしている動物全部に×をつける、ということなので、お子さんによっては、ウサギを×にするかもしれません。言われたからすぐに交代せずとも、交代する意思を示して実行すればよいことも、きちんと説明をしてあげてください。

【おすすめ問題集】
Ｊｒ・ウォッチャー30「生活習慣」

問題21　分野：記憶（見る記憶）

〈準備〉　絵の描いてあるカード

〈問題〉　（問題21-１の絵を見せる）
この絵を見て覚えましょう。
（20秒後、問題21-１の絵を伏せて、問題21-２の絵を渡す）
犬がいた場所に○を、きつねがいた場所に×を書いてください。

〈時間〉　10秒

〈解答〉　下図参照

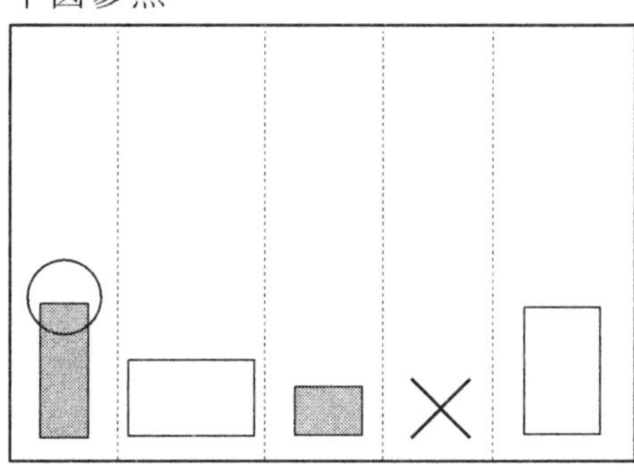

［2022年度出題］

学習のポイント

見る記憶問題です。この絵は、横並びに整然と並んでいるので、動物を左から順番に覚える、乗っているものがみな違うので、その形・形状を覚えることで、記憶できると思います。見る記憶は、訓練するうちに何に着目すればよいのか、段々わかってくると思いますが、基本的には、集中力が必要です。ペーパーテストの途中に組み込まれているので、この集中力をいかに保持できるか、が要になるでしょう。

【おすすめ問題集】
Ｊｒ・ウォッチャー20「見る記憶・聴く記憶」

問題22　分野：記憶（見る記憶）

〈準備〉　鉛筆

〈問題〉　（問題22-１の絵を見せる）
この絵を見て覚えましょう。
（20秒後、問題22-１の絵を伏せて、問題22-２の絵を渡す）
①イカの絵はいくつありましたか。イカの数だけ四角の中に○を書いてください。
②ヒトデの絵はいくつありましたか。ヒトデの数だけ四角の中に○を書いてください。
③サカナの絵はいくつありましたか。サカナの数だけ四角の中に○を書いてください。

〈時間〉　各10秒

〈解答〉　①○：３　②○：４　③○：４

［2022年度出題］

学習のポイント

こうした短期的な記憶は、保護者の方よりもお子さまの方が得意だったりすることが多いので、まずは問題に取り組ませてみるとよいでしょう。保護者の方は形を順番に覚えていこうとするかもしれませんが、お子さまは見たまま１枚の絵として記憶してしまうこともあります。ですので、スムーズにできてしまうようであれば、その力を伸ばしてあげてください。苦手と感じているようであれば、全体を見たり、細かく見たりといった形でお子さまの覚えやすい方法をいっしょに探してあげてください。その中でも形を覚えるのが苦手なのか、数を覚えるのが苦手なのか、お子さまは何ができて何ができないのかをしっかりとつかんでおきましょう。

【おすすめ問題集】
Ｊｒ・ウォッチャー20「見る記憶・聴く記憶」

問題23　分野：記憶（お話の記憶）

〈準備〉　鉛筆

〈問題〉　これから、お話を聞いてもらいます。
お話の後で、いくつか問題を出しますので、しっかり聞きましょう。

今日は、動物村の幼稚園の運動会です。まず始めにキリンの園長先生が挨拶をしました。「みんなで力を合わせて、楽しい運動会にしましょう」園長先生がそう言うと、動物たちは、元気よく返事をしました。さあ、いよいよ最初のかけっこが始まります。かけっこに出るのは、キツネ、リス、クマ、ウサギです。「よーい、ドン！」の合図と同時にキツネが飛び出し、その後ろには、クマが続きます。半分を過ぎ、リスがクマを抜いて、キツネに追いつきそうです。「ゴール！」１位は、キツネでした。２位はリス、３位はクマでした。次は、スプーン競争です。ゾウ、サイ、パンダ、トラが出場します。みんなスプーンの上に載せたボールを、とても上手に運んでいます。ゾウも長い鼻で上手にスプーンをもっています。「ゴールです！」１位はトラでした。ゾウは、ボールを一度も落とさずに走り、２位になったので、みんなから「よく頑張ったね」とほめられました。お昼の時間になりました。動物たちのお弁当は、おにぎり２つとリンゴが３つ、それからオレンジジュースでした。お弁当の後は、最後の種目の玉入れです、みんなは、一斉にカゴをめがけて玉を入れ始めました。「ピピー。結果を発表します」園長先生が言いました。「紅組６個、青組７個、黄色組９個。優勝は、黄色組です」黄色組の動物たちは、ばんざいをして喜びました。運動会の記念品は、白い星が３つ書いてある長いタオルでした。とても楽しい１日になりました。

①かけっこで１位だった動物はだれですか。○をつけてください。スプーン競争で２位だった動物はどれですか。△をつけてください。
②動物たちのお弁当は何でしたか。正しい絵に○をつけてください。
③玉入れで紅組が入れた球は何個でしたか。玉の数だけ四角の中に○を書いてください。
④運動会の記念品はどれでしたか。正しいものに○をつけてください。

〈時間〉　①②５秒、③④10秒

〈解答〉　①○：キツネ、△：ゾウ　②○：左端　③○：６　④左下の白星３つのタオル

［2022年度出題］

学習のポイント

運動会のお話は、よく使われます。かけっこで、抜いたり抜かれたりした順位やお弁当のおかず、運動会の種目など、お話を聞きながら、このような場面を意識して頭の中でイメージできるようになるといいですね。決して長い物語ではないのですが、登場する動物や時間の流れの中での出来事など、沢山記憶しないといけない場面が多く、普段からお話の読み聞かせを行い、どのような話であったか全体の流れ、登場人物、お話の経過の中で起きた出来事の原因など、お子さんに口頭で話してもらうことを心がけてみてください。お子さんの理解度だけではなく、相手に伝わるように話すことの練習になります。また、お子さんなりの解釈の仕方や、どういったことに注目して聞いているのかの分析にもなります。保護者の方が一方的にお話をするだけではなく、お子さんとの会話を楽しんでいくことで、必ずお話の聞き取りの力はついてきます。

【おすすめ問題集】
１話５分の読み聞かせお話集①・②、お話の記憶問題集 初級編・中級編
Ｊｒ・ウォッチャー19「お話の記憶」

問題24　分野：言語（様子を表す言葉）

〈準備〉　鉛筆

〈問題〉　左側の絵を見てください。
（実際は黒板に絵が表示される）
この絵の子は、どんな様子ですか。「にこにこ」していますね。「にこにこ」などはその人の様子を表す言葉ですね。
右側の絵を見てください。
この絵の中で「きょろきょろ」している絵は、どれですか。その絵に○をつけてください。
「しくしく」している絵は、どれですか。その絵に△をつけてください。

〈時間〉　各５秒

〈解答〉　下図参照

［2022年度出題］

学習のポイント

この問題は、様子を表す言葉と絵で示された状況や心の動きの変化をくみ取ることができているかを見ているものです。「きょろきょろする」「そわそわする」「おどおどする」「落ち着かない」など似たような表現もあるので、ご家庭でも日常から、あえて使っていき、耳が慣れるとともに、心の揺れを表す言葉としてお子さんが理解できるよう、語彙を増やしていきましょう。「しくしくする」という表現は、日常からおそらく理解できているのではと思いますが、他にも「悲しくなる」「辛い」「涙が頬を伝う」など色々な表現があります。日本昔話だけではなく、民話や外国の幼児向け絵本など、他分野にわたり、読み聞かせをして、沢山の言葉のシャワーを与えましょう。

【おすすめ問題集】
Ｊｒ・ウォッチャー17「言葉の音遊び」、18「いろいろな言葉」、49「しりとり」、60「言葉の音（おん）」

問題25 分野：論理（常識・言語）

〈準　備〉　鉛筆

〈問　題〉　星の子幼稚園の子どもたちが、バスで遠足の目的地に向かっています。
・花子さんはいちばん後ろの席に座っています。花子さんの２つ前の座席に○をつけてください。
・太郎君は、前から２番目の席に座っています。太郎君のひとつ後ろの席に座るためには、どこに座ればいいですか。△をつけてください。
・まりあさんは、運転手さんのすぐ後ろの席に座っていましたが、お菓子をこぼしてしまったので、先生から「お掃除が終わるまで、いちばん後ろから２番目の席に座って待っていてね」と言われました。お掃除が終わった後は、まりあさんは、どこに座りますか。×をつけてください。

〈時　間〉　各５秒

〈解　答〉　下図参照

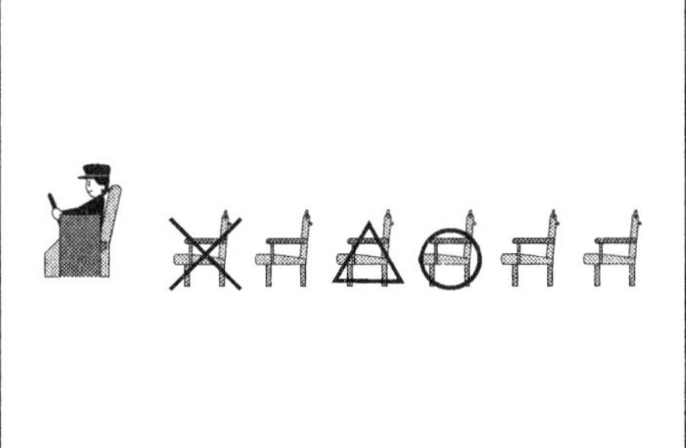

［2022年度出題］

学習のポイント

小学校に入学して、このような位置関係がわからないということは困ります。この問題の場面設定は遠足のバスの座席です。まずは、お話をしっかり聞くこと、これが基本です。花子さんはバスの一番後ろの席に座っていて、その２つ前の席に○をつけるという問題ですので、まずは、花子さんの座席がわかれば、その２つ前ですので、比較的優しい問題ですが、この場合、花子さんの席は数えずに２つ前に移動する、という基本的なことがわかっていたでしょうか。次は、太郎君の座席の位置がわかれば、問題の通り、ひとつ後ろの席に△をつける、という指示でした。こちらは、きちんと印の記号を間違えずに△の印がつけられたでしょうか。最後の問題は、ひっかけ問題でした。掃除が終わるまでは後ろから2番目の席に移動しますが、問題は、お掃除が終わった後の座席の位置を聞いています。つまり、まりあさんは元の席に戻っている、ということです。位置関係だけにとらわれていると、お話の内容を勝手に解釈してしまいがちです。

【おすすめ問題集】
Ｊｒ・ウォッチャー20「見る記憶・聴く記憶」

問題26　分野：巧緻性（制作）

〈準 備〉　新聞紙、画用紙、ペールオレンジの紙（顔に見立てた○を書いておく）、クレヨン、ハサミ、のり

〈問 題〉　**この問題の絵はありません。**
「工作をしますよ」と言われた後、新聞紙、画用紙、ペールオレンジの紙が配られる。
①ペールオレンジの紙の○をハサミで切ってください。切り終えたら、ハサミはしまいます。
②○を画用紙の真ん中に糊付けします。貼り終えたら、のりもしまってください。
③今貼った○を自分の顔にします。目・鼻・口を書き終えたら、髪の毛や洋服も描きましょう。そして、どこにいるのかがわかるような絵も、周りに描いてください。
④先生が「やめ」と言ったら、描くのを止めて、新聞紙は２つに折ってクレヨンは片づけてください。その間に、先生が絵を回収します。

〈時 間〉　10分

〈解 答〉　省略

［2022年度出題］

学習のポイント

まずは、持ち物に不足がないかが肝心です。本校では、各自の持ち物を事前にお伝えしているので、工作に必要な用具の不足があれば、これは受験に差し障ります。工作の過程は、口頭で説明されるので、どのような手順であるかを聞きながらイメージできないと難しく、把握できなかったお子さんは途中で他のお子さんの様子を見てしまうかもしれません。これは、減点になってしまうので、とにかく聴いたことを思い出しながら、自分の力で最後まで一生懸命やり遂げられるよう、普段から、お子さんを見守る形で、お手伝いや制作活動をさせていくことが必要です。この課題は、絵画の技術力を観ているのではなく、指示をどこまで聴けていたか、道具の使い方や片づけ、背景の描写から、日常生活を伺っているものです。お子さんの明るさや好奇心、ほのぼのとしたご家庭を表すことにおいても、色を沢山使えるといいですね。これまでの経験や体験が生かされる絵になることが望ましいです。ごみは、小さく畳んでおく、使ったものはすぐに片づける、これも日々の積み重ねです。

【おすすめ問題集】
Ｊｒ．ウオッチャー23「切る・貼る・塗る」、24「絵画」、25「生活巧緻性」、30「生活習慣」

問題27 分野：生活習慣（着替え）

〈準 備〉 白いかご・体操服・ひも付きゼッケン

〈問 題〉 **この問題の絵はありません。**
白いカゴを持ってきて、お洋服を体操服に着替えてください。お洋服は、白いカゴの中に入れてください。ゼッケンは、体操服の上から着てください。ゼッケンには脇のところにひもがついています。そのひもは、蝶結びにして、脇で留めてください。

〈時 間〉 適宜

〈解 答〉 省略

［2022年度出題］

学習のポイント

お子さんの着替えを手伝っていないでしょうか。ボタンのあるシャツやポロシャツのいちばん上のボタンの留め外しは、お子さま一人でできますか。また、脱いだものをきちんと畳んでカゴにしまえたでしょうか。体操服は、巾着に入れて持たせるのか、風呂敷か、どちらにしろ、お子さまが一人で扱えるようになっていることが肝心です。また、ゼッケンは、脇にひもがあり、これも体の横で蝶結びの練習をしておかないと本番では難しいですね。蝶結びも、リボン結びと言われることもあり、厳密に言うと少々違うのですが、どちらの言い方でもわかるようにしておくことと、必ずできるようにしておかないといけない巧緻性です。袋とじのような蝶結び・壁にかけられるよう輪を作り上で結ぶ蝶結び、お弁当を包む蝶結び、給食着を後ろで結ぶやや短めのひもで結ぶ蝶結び、三角巾を頭の後ろで結ぶ蝶結び、など、多くの蝶結びをできるよう練習しておきましょう。

【おすすめ問題集】
新小学校受験の入試面接Q＆A、家庭で行う面接テスト問題集、
保護者のための面接最強マニュアル

問題28 分野：運動

〈準 備〉 風船、ボーリング、輪投げ、マット、跳び箱

〈問 題〉 **この問題の絵はありません。**
①同じグループのお友達と、風船を使い、バレーボールで遊んでください。
②同じグループのお友達と、ボーリングで遊びます。7本のピンを三角形の形に並べ、倒します。2回戦やります。
③今度は、グループ同士の競争です。スタートはこの線です。先生が、見本を見せます。ケンケンパー→マットの上で、鉛筆ゴロゴロ→跳び箱の上を歩く→白線の上に着地→最後は、自分が始めに居たところまで走って体操座りをして待ちます。

〈時 間〉 適宜

〈解 答〉 省略

［2022年度出題］

学習のポイント

指示行動観察ですが、グループ内での対抗戦です。まずは２グループに分ける方法を提案できるといいです。グーパーじゃんけんだと早くに決めることができます。あとは、勝ち負けではなく、相手への配慮があり、楽しんでできることが大事です。また、ボーリングは、７本を使って三角形にしないといけませんので、図形の知識も求められています。この場合、奥から４・２・１と並べることが多いかと思いますが、３・２・１・１としても構わないと思います。お子さんの発想を大切にしましょう。③の指示行動は、多少、勝ち負けを意識するものです。ただ、指示されたことをきちんと守ること、いい加減にしないこと、お友達をあてにせず、しっかり聴き取った通りやりぬくこと、他のお友達が頑張っているときには、応援ができるかどうか、こういった社会性を観ています。

【おすすめ問題集】
Ｊｒ.ウォッチャー28「運動」、29「行動観察」

問題29　分野：行動観察（演奏）

〈準　備〉　トライアングル、太鼓、鈴、カスタネット

〈問　題〉　**この問題の絵はありません。**
トライアングル、太鼓、鈴、カスタネットのどれを担当するか、グループで話し合って決めてください。先生から「おしまいです」の声がかかったら、担当が決まった楽器を持って横一列に並びます。その後は、「どんぐりころころ」の音楽に合わせて、全員で合奏してください。

〈時　間〉　３分程度

〈解　答〉　省略

［2022年度出題］

学習のポイント

楽器の担当をグループ内で決めて、その後、音楽に合わせ、自由に合奏するという、年長さんには楽しい問題かと思います。楽器によっては、希望通りにいかず、他のお友達と折り合いをつけないといけない状況もでてくるでしょう。相手に譲るだけではなく、公平な分け方の提案ができれば、すばらしいです。じゃんけんだけではなく、いろいろな提案を考えてみましょう。合奏は、楽しく笑顔で最後まで参加できることが望ましいです。

【おすすめ問題集】
Ｊｒ.ウォッチャー29「行動観察」

問題30　分野：数量（たし算・ひき算）

〈準 備〉　鉛筆

〈問 題〉　下の段の四角の中にある数を合わせると上の段の数になります。空いている四角の中に入る数はいくつになるでしょうか。その数の分だけ○を書いてください。

〈時 間〉　15秒

〈解 答〉　①○：5　②○：1

[2021年度出題]

学習のポイント

基本的な数量の問題です。①では、問題で読み上げられている通り、下の段の２つの四角の中にある数を合わせればよいのですが、②では１つが空欄になっており、その代わりに合わせた数が上段に示されています。考え方としては「たし算」と「ひき算」なのですが、単純に数えることができれば解ける問題でもあります。②でも上の段の数と下の段の数を１つひとつ対応させていくことで、下段の数が１つ足りないことがわかります。小学校受験の数量の問題は、おはじきなどを動かしながら考えていくことが土台になります。ペーパー学習以前に、ものを使った基礎学習から始めるようにしてください。

【おすすめ問題集】
Ｊｒ・ウォッチャー38「たし算・ひき算１」、39「たし算・ひき算２」

問題31　分野：推理（シーソー）

〈準 備〉　鉛筆

〈問 題〉　くだものの重さ比べをすると上の段のようになりました。下の段の四角の中から１番重いものに○、１番軽いものに×をつけてください。

〈時 間〉　20秒

〈解 答〉　○：真ん中（リンゴ）、×：左（ミカン）

[2021年度出題]

学習のポイント

小学校受験でよく見られるシーソーの問題です。基本的な考え方は、１番重いものは常に下がっていて、１番軽いものは常に上がっているということです。本問は３つのものの比較なので、上記に当てはめるだけで答えがわかります。ただ、こうした解き方をテクニック的に覚えただけでは意味がありません。本問では直接的に答えに関係しませんが、「ミカンよりブドウが重い」「ブドウよりリンゴが重い」ゆえに「ミカンよりリンゴが重い」という関係性を理解できていないと、比べるものの数やシーソーの数が増えた時につまずいてしまう可能性があります。また、引っ掛け問題ではないのですが、イチゴとスイカを比べてイチゴの方が下がっていたりすることがあります。そうした見た目の印象に惑わされないようにしてください。

【おすすめ問題集】
Ｊｒ・ウォッチャー33「シーソー」

問題32 分野：数量（一対一の対応）

〈準 備〉 鉛筆

〈問 題〉 スプーンとフォークを１本ずつ組み合わせると何セットできるでしょうか。下の段の四角の中にその数の分だけ○を書いてください。

〈時 間〉 20秒

〈解 答〉 ○：５

［2021年度出題］

学習のポイント

単純に数えるだけでも答えることはできますが、セットという考え方をしっかりと理解しておいた方がよいでしょう。本問では、スプーン１本とフォーク１本のセットがいくつできるかということが問われているのです。実際にスプーンとフォークを用意して再現してみるとお子さまがどう考えているのかがわかります。スプーン（フォーク）だけをまとめて数えても、結果的に正解になるかもしれませんが、出題の意図とは少しずれてしまいます。１つひとつ対応させて数える問題は、イチゴ２つとリンゴ１つを組み合わせるといった一対多の対応と呼ばれる問題に発展していくので、考え方の基本を理解しておきましょう。

【おすすめ問題集】

Ｊｒ・ウォッチャー14「数える」、37「選んで数える」

問題33 分野：推理（ブラックボックス）

〈準 備〉 鉛筆

〈問 題〉 １番上の段の四角を見てください。バナナの箱を通るとボールは２つ増えます。イチゴの箱を通るとボールは１つ減ります。では、下の段の１番左にあるボールが箱を通るとボールはいくつになるでしょうか。右の四角の中にその数の分だけ○を書いてください。

〈時 間〉 30秒

〈解 答〉 ①○：５ ②○：３

［2021年度出題］

学習のポイント

本問もおはじきなどを使って目に見える形で学習することで、より理解を深めることができます。ペーパー学習では頭の中で考えなければいけないことを目で見える形に変えて行うのです。バナナの箱を通るとボールが２つ増えるのであれば、実際に２つ増やしましょう（おはじきなどで代用して）。目で見て手を動かすことで理解しやすくなります。推理分野の問題として扱われることが多いブラックボックスですが、たし算・ひき算の問題としてとらえることもできます。バナナは２つ足す、イチゴは１つ引くと考えれば数量の問題です。お子さまがつまずいている時は、違った考え方もあることを示してあげるとよいでしょう。

【おすすめ問題集】
Ｊｒ・ウォッチャー32「ブラックボックス」

問題34　分野：数量（数える）

〈準備〉　鉛筆

〈問題〉　①上の段を見てください。４本の木の間に人が１人ずつ立つと全部で何人になるでしょうか。その数の分だけ下の四角の中に○を書いてください。
②下の段を見てください。４人の人の間に１本ずつ旗を立てます。両端にも１本ずつ旗を立てます。旗は全部で何本になるでしょうか。その数の分だけ下の四角の中に○を書いてください。

〈時間〉　各15秒

〈解答〉　①○：３　②○：５

［2021年度出題］

学習のポイント

木や人の数ではなく、その間（と両端）の数を数えるという、あまり見かけることのない問題です。大人にとっては、難しい問題ではありませんが、人や木の間という、見えないものを数えるということをお子さまが理解できるかどうかが問われています。こうした、ないものを数えたり、目に見えていないものを考えることは、お子さまにとって大人が思っている以上に難しいことです。慣れないうちは数えるべきところにおはじきなどを置いて、見えるものにしてしまうという方法もあります。そうして、少しずつないものを数えるという感覚を身に付けていくとよいでしょう。

【おすすめ問題集】
Ｊｒ・ウォッチャー14「数える」

問題35　分野：図形（点図形・模写）

〈準 備〉　鉛筆

〈問 題〉　上の形と同じになるように下の四角に線を引いてください。

〈時 間〉　１分

〈解 答〉　省略

［2021年度出題］

学習のポイント

例年出題される問題なので、しっかりと練習しておいてください。形もほとんど同じものなので対策はしやすいですが、それはみな同じ条件なので正解率も高くなります。正解率が高いということは、ミスが許されないということでもあります。形としての難しさはないので、どれだけしっかりと線を引けるかが分かれ目になってくるのではないでしょうか。特別なことをする必要はありませんが、基礎的な問題を定期的にやっておくとよいでしょう。

【おすすめ問題集】
Ｊｒ・ウォッチャー１「点・線図形」、51「運筆①」、52「運筆②」

問題36　分野：図形（同図形探し）

〈準 備〉　鉛筆

〈問 題〉　１番上の段を見てください。四角いマスを白と黒で塗った模様があります。左の模様の白いマスを黒に、黒いマスを白に塗り替えます。そうすると右の模様になります。
では、お手本のように白いマスを黒に、黒いマスを白に塗り替えるとどんな模様になるでしょうか。選んで○をつけてください。

〈時 間〉　１分

〈解 答〉　①右から２番目　②左から２番目

［2021年度出題］

学習のポイント

白黒の違いはありますが、同じ形を見つけるという意味で考えれば「同図形探し」ですし、白と黒を置き換えると考えれば「置き換え」と言うこともできます。形を中心に考えるのか、色を中心に考えるのかでとらえ方が違ってくると言えるでしょう。２つの形を組み合わせると真っ黒（真っ白）になるものを選ぶという考え方もできます。これ以外にも考え方はさまざまあると思います。小学校受験では、この解き方でなければいけないということはありません。こうしたいくつもの考え方ができる時は、どんな解き方をしたのかを保護者の方はしっかりと見ておいてください。お子さまの考え方を把握することができます。

【おすすめ問題集】
Ｊｒ・ウォッチャー４「同図形探し」、57「置き換え」

問題37　分野：推理（系列）

〈準備〉　鉛筆

〈問題〉　いろいろな矢印が並んでいます。その順番には決まりがあります。空いている四角の中にはどんな矢印が入るでしょうか。選んで○をつけてください。

〈時間〉　１分

〈解答〉　①左端（右向き矢印）　②左から２番目（左向き矢印）

［2021年度出題］

学習のポイント

系列は、順番の決まり（お約束と呼ばれることもあります）を見つけることがポイントになります。言い換えれば、規則性を探すということです。本問はシンプルな問題なので、同じ形に注目していけば順番の決まりを見つけることができます。はじめのうちは声に出してみるのも１つの方法です。①であれば、「右・左・上・右・左・上（　）左・上」と言葉にしてみるとリズムによって規則性がつかめます。実際の試験では声を出すことはできないので、あくまでも慣れないうちの練習と考えてください。また、系列の問題は形がたくさんあるほど手がかりも多くなるので、難しそうに見えて意外と解きやすかったりします。

【おすすめ問題集】
Ｊｒ・ウォッチャー６「系列」

問題38　分野：常識（マナーとルール）

〈準 備〉　鉛筆

〈問 題〉　（問題38-1の絵を渡す）
①電車の中で周りに迷惑をかけるよくないことをしている人が5人います。その人に○をつけてください。
（問題38-2の絵を渡す）
②公園で周りに迷惑をかけるよくないことをしている人が4人います。その人に○をつけてください。

〈時 間〉　各20秒

〈解 答〉　下図参照

［2021年度出題］

学習のポイント

常識問題は、お子さまの知識を観ているのではなく、保護者の方のしつけが観られているということをしっかりと認識しておいてください。もし、保護者の方が電車の中で電話をしていたり、お化粧をしていたとしたら、お子さまは○をつけることができないでしょう。そうした生活の積み重ねがお子さまの解答として表れてきます。小学校に入学すれば、電車通学や集団生活が始まります。自己中心的な振る舞いや人に迷惑をかける行為は、小学校受験において大きなマイナス評価となるので注意してください。常識問題はペーパーテストとして行われていますが、実際は保護者の方を含めた行動観察という観点があるのです。

【おすすめ問題集】
Ｊｒ・ウォッチャー56「マナーとルール」

問題39　分野：記憶（見る記憶）

〈準備〉　鉛筆

〈問題〉　絵を見て形を覚えてください。
（問題39－1の絵を20秒間見せた後、問題39－2を渡す）
①四角のところには何が書いてあったでしょうか。四角の中にその形を書いてください。

絵を見て覚えてください。
（問題39－3の絵を15秒間見せた後、問題39－4を渡す）
②ウサギは何匹いたでしょうか。その数だけ四角の中に○を書いてください。
③サルは何匹いたでしょうか。その数だけ四角の中に○を書いてください。
④１番数の少なかった動物はどれでしょうか。選んで×をつけてください。

〈時間〉　①20秒　②③各10秒　④５秒

〈解答〉　下図参照

［2021年度出題］

学習のポイント

こうした短期的な記憶は、保護者の方よりもお子さまの方が得意だったりすることが多いので、まずは問題に取り組ませてみるとよいでしょう。保護者の方は形を順番に覚えていこうとするかもしれませんが、お子さまは見たまま１枚の絵として記憶してしまうこともあります。ですので、スムーズにできてしまうようであれば、その力を伸ばしてあげてください。苦手と感じているようであれば、全体を見たり、細かく見たりといった形でお子さまの覚えやすい方法をいっしょに探してあげてください。その中でも形を覚えるのが苦手なのか、数を覚えるのが苦手なのか、お子さまは何ができて何ができないのかをしっかりとつかんでおきましょう。

【おすすめ問題集】
Ｊｒ・ウォッチャー20「見る記憶・聴く記憶」

問題40　分野：記憶（お話の記憶）

〈準備〉　鉛筆

〈問題〉　**この問題の絵は縦に使用してください。**
お話を聞いて、後の質問に答えてください。

今日はよく晴れた日曜日。タロウくんは休みの日でも７時に起きます。まず洗面所で顔を洗い、歯を磨き、着替えてから朝ごはんを食べます。今日の朝ごはんは、トーストと牛乳とサラダでした。朝ごはんを食べていると、お母さんが「今日は、タロウの好きなリンゴがあるわよ」と言って、リンゴを切ってくれました。リンゴが大好きなタロウくんは大喜びです。
朝ごはんを食べ終わると、おばあちゃんに「洗濯物を干すのを手伝って」と言われたので、タロウくんは靴下とハンカチとＴシャツを干しました。おばあちゃんはスカートとズボンを干しました。
今日はお父さんと公園に行って遊ぶ約束をしているので、タロウくんはとても楽しみです。午後になってお父さんと公園に出かけようとすると、お母さんに「帰りにジャガイモとタマネギとブドウを買ってきて」とおつかいを頼まれました。
公園に着くと、仲良しのハナコさんがなわとびをしていました。ハナコさんが「ちょうどよかった。わたしが何回跳べるかを数えてくれない？」と言ったので、タロウくんは数えてあげることにしました。最初は５回、もう１回挑戦すると７回跳べました。「数えてくれてありがとう。10回跳べるようにがんばっているの」とハナコさんが言ったので、タロウくんは「跳べるようなるといいね」と言いました。その後、お父さんと遊んでいると日が暮れてきたので、お買い物をして家に帰りました。夕ごはんはカレーでした。食後にはブドウを食べました。家族みんなで食べたのでとってもおいしく感じました。

（問題40の絵を渡す）
①タロウくんが起きて最初にしたことは何ですか。選んで○をつけてください。
②タロウくんが朝ごはんの時に食べたものは何ですか。選んで○をつけてください。
③タロウくんが干した洗濯物はどれですか。すべて選んで○をつけてください。
④タロウくんが公園から帰る時にスーパーで買ったものは何ですか。選んで○をつけてください。
⑤ハナコさんは最初になわとびを何回跳びましたか。その数の分だけ四角の中に○を書いてください。

〈時間〉　各10秒

〈解答〉　①右から２番目（顔を洗う）　②左端（リンゴ）
③左から２番目（Ｔシャツ）、真ん中（ハンカチ）、右端（靴下）
④左端（ジャガイモ）、真ん中（タマネギ）、右端（ブドウ）　⑤○：５

［2021年度出題］

学習のポイント

問題は、すべてお話に出てきた内容なので、まずはしっかりと聞くことを最優先に考えましょう。お話の記憶という名前がついているので記憶するということを強く意識してしまいがちですが、お話の流れをつかめるかどうかがポイントになります。絵本などの読み聞かせをした後でどんなお話だったかをお子さまに聞いてみてください。お話を思い出すことで場面や行動を頭の中でイメージし、それを話すことでお話の流れを考えます。そうしたことを繰り返すことで、お話の聞き方も変わってきます。「ここは問題になりそう」ということを考えすぎるのもよくありませんが、ただお話を聞くだけでなく、集中して聞くことができるようになります。

【おすすめ問題集】
1話5分の読み聞かせお話集①・②、お話の記憶問題集 初級編・中級編、
Ｊｒ・ウォッチャー19「お話の記憶」

問題41 分野：言語（しりとり）

〈準 備〉 鉛筆

〈問 題〉 左上にある傘から矢印の方向にしりとりをします。途中の○と△のところには何が入るでしょうか。下の段の四角の中から選んで、それぞれ○と△をつけてください。

〈時 間〉 40秒

〈解 答〉 ○：下段右から２番目（ナス）　△：下段右端（カキ）

［2021年度出題］

学習のポイント

非常にシンプルなしりとりの問題です。ただ、それほど時間が長くないので、全部たどっていくと時間が足りなくなってしまうかもしれません。○と△の前後だけ考えれば問題を解くことができるので、効率よく正解にたどり着く方法を考えるようにしましょう。もし、本問に出てくる絵がわからないようであれば、語彙力が不足していると言わざるを得ません。言語分野の学習は、机の上でなくても問題集がなくてもできるものです。ふだんの生活の中で、見たものや聞いたことを１つひとつ覚えていくように心がけましょう。また、しりとりなどの言葉遊びを通じて、楽しみながらお子さまの語彙力を高めるようにしてあげてください。

【おすすめ問題集】
Ｊｒ・ウォッチャー17「言葉の音遊び」、18「いろいろな言葉」、49「しりとり」、
60「言葉の音（おん）」

問題42　分野：記憶（聞く記憶）、推理（行動推理）

〈準備〉　鉛筆

〈問題〉　①マナブくんは幼稚園のお部屋でけん玉で遊んでいます。遊び終わって、上から４番目の引き出しにけん玉をしまいました。マナブくんがけん玉を入れた場所に○をつけてください。
②ケイコさんはマナブくんが使っていたけん玉で遊びました。遊び終わって、元の場所にしまおうと思ったのですが、間違えて２つ下の引き出しにしまってしまいました。ケイコさんがけん玉を入れた場所に○をつけてください。
③お昼ごはんを食べた後、マナブくんはもう一度けん玉で遊ぼうと思いました。マナブくんは最初にどこの引き出しを開けるでしょうか。マナブくんが開ける場所に○をつけてください。

〈時間〉　各10秒

〈解答〉　①上から４段目　②下から３段目　③上から４段目

［2021年度出題］

学習のポイント

①②は聞く記憶の問題ですが、③は推理の問題になります。よくクイズなどにもなっているので、保護者の方にとっては簡単に感じるかもしれませんが、お子さまにとっては引っかかりやすい問題になります。お子さまは自分が見たものがすべてです。お子さまは、マナブくんとケイコさんの行動をすべて見ており、マナブくんも自分と同じだと考えてしまいます。他人の視点で考えるということができにくいのです。マナブくんの視点で考えると、ケイコさんが違う場所にしまったことはわからないのですが、そのことを想像できず、ケイコさんのしまった場所に○をつけてしまいがちです。すぐにできることではないですが、自分以外の視点で考えるという意識を持てるようにしていきましょう。

【おすすめ問題集】
Ｊｒ・ウォッチャー20「見る記憶・聴く記憶」、31「推理思考」

問題44　分野：行動観察（運動）

〈準備〉　なし

〈問題〉　**この問題の絵はありません。**
①頭、肩、膝など、先生と同じところを触る。
②くるっと回って好きなポーズを決める。
③「リレー形式のサーキット運動」（ケンケン、かけっこ、ジグザグ走）
④「落ちた落ちたゲーム」（先生の言葉に合わせて、雷、げんこつ、リンゴのポーズをする）

〈時間〉　適宜

〈解答〉　省略

［2021年度出題］

学習のポイント

例年、制作（巧緻性）が実施されていましたが、2021年度入試では運動になりました。運動課題ではありますが、「指示を聞く」「指示通り行動する」というところが観点になります。これまでの制作でも指示通りに作業できるかが観られていたように、内容は変わっても観点は同じと考えることができます。どんな課題を行うかではなく、何が観られているのかをしっかりと理解しておいてください。そうすれば、多少の変化に慌てることなく試験に臨むことができるでしょう。

【おすすめ問題集】
新 運動テスト問題集、Ｊｒ・ウォッチャー28「運動」

問題45 分野：面接

〈準 備〉 なし

〈問 題〉 **この問題の絵はありません。**

【父親へ】
・志望理由をお聞かせください。
・お子さんとのコミュニケーションはとれていると思いますか。
・お子さんの成長をどこで感じますか。
・自粛期間はお子さんとどう過ごしていましたか。

【母親へ】
・子育てで大切にしていることは何ですか。
・幼稚園（保育園）ではどんなお子さんだと言われますか。
・しつけで気をつけていることはありますか。
・フルタイムで働かれていますか。

【志願者へ】
・お名前を教えてください。
・幼稚園（保育園）では何をして遊びますか。
・幼稚園（保育園）でケンカをすることはありますか。
・ケンカをした時どうやって仲直りしますか。
・新型コロナウイルスを知っていますか。
・新型コロナにならないために何をしていますか。
・習い事はしていますか。
・この学校の名前を知っていますか。
・この学校に来たことはありますか。
・小学校でがんばりたいことは何ですか。
・どんな時に褒められますか。
・好きな絵本はありますか。
・食べ物の好き嫌いはありますか。
・幼稚園（保育園）の給食は好きですか。

〈時 間〉 15分程度

〈解 答〉 省略

［2021年度出題］

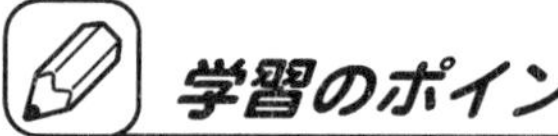

学習のポイント

志願者に対しての質問が多く、保護者への質問でも家庭やお子さまに関する内容が中心になっています。教育方針がしっかりしていれば答えにつまってしまうような質問はありません。お子さまとのコミュニケーション、保護者間のコミュニケーションをしっかりとっておくことが、当校の面接対策になります。お子さまに対する質問が多いからといって、マニュアル的な答えを覚えさせても意味はありません。お子さまへの質問は何を答えるのかではなく、どう答えるかの方が重要です。どんな対応するかが観られていると言ってもよいでしょう。付け焼き刃で対応できるものではないので、しっかりとした準備が大切です。

【おすすめ問題集】
新小学校受験の入試面接Q＆A、家庭で行う面接テスト問題集、
保護者のための面接最強マニュアル

問題 1

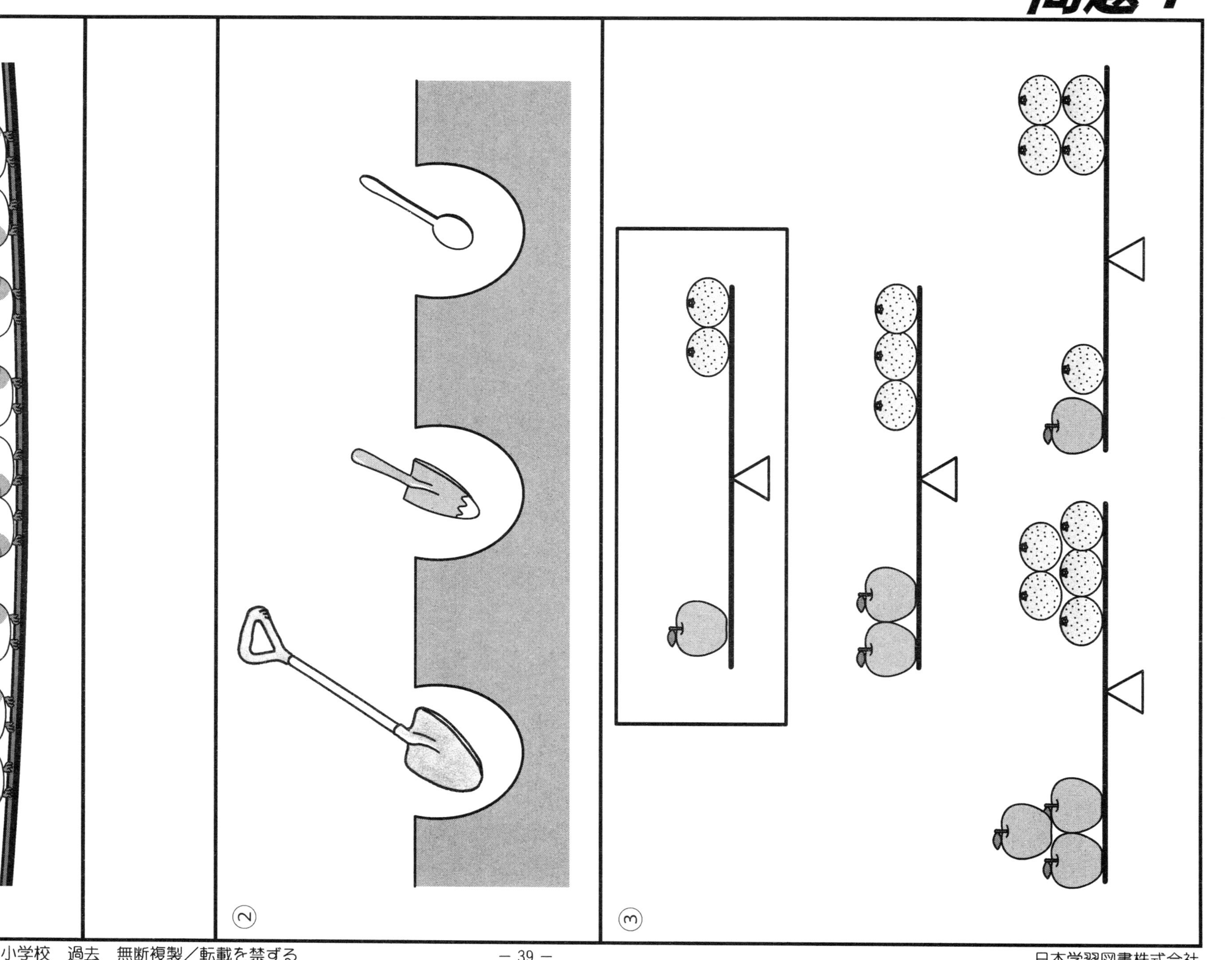

問題２－１

①

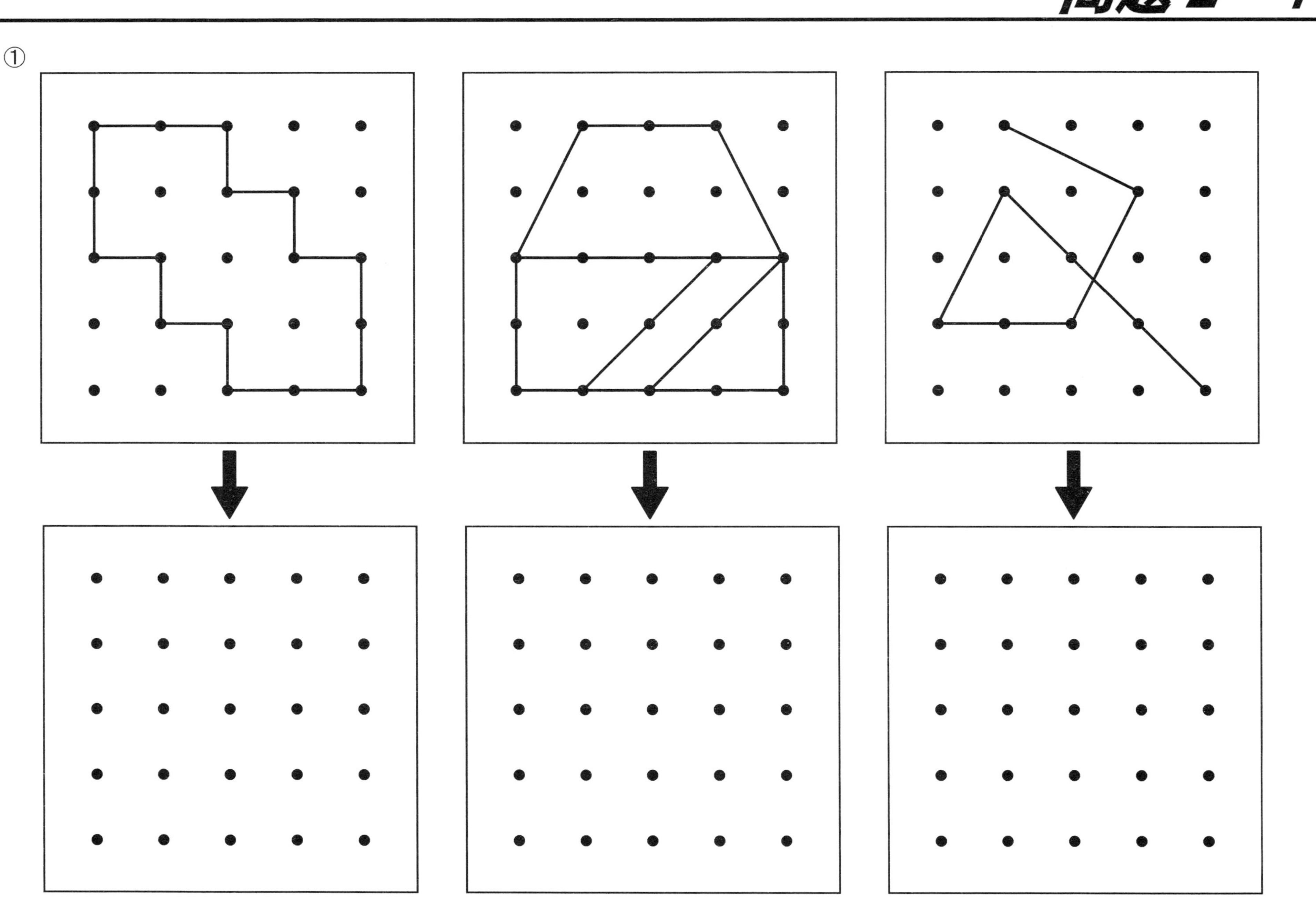

問題2－2

②

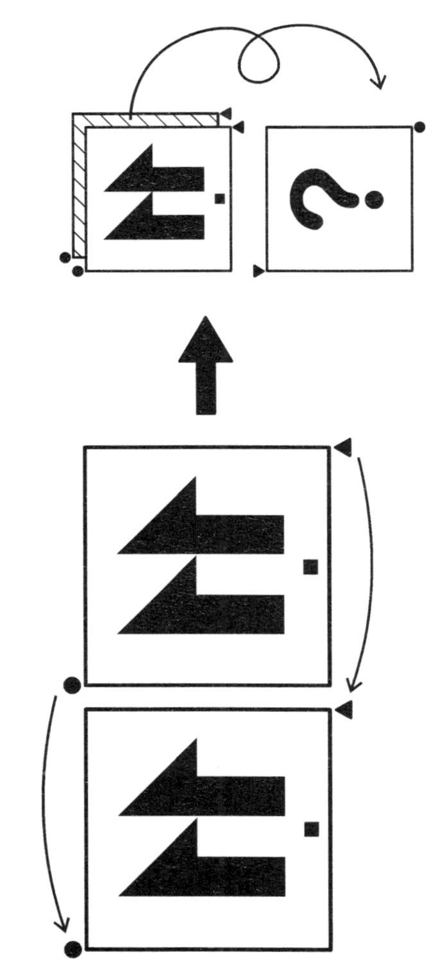

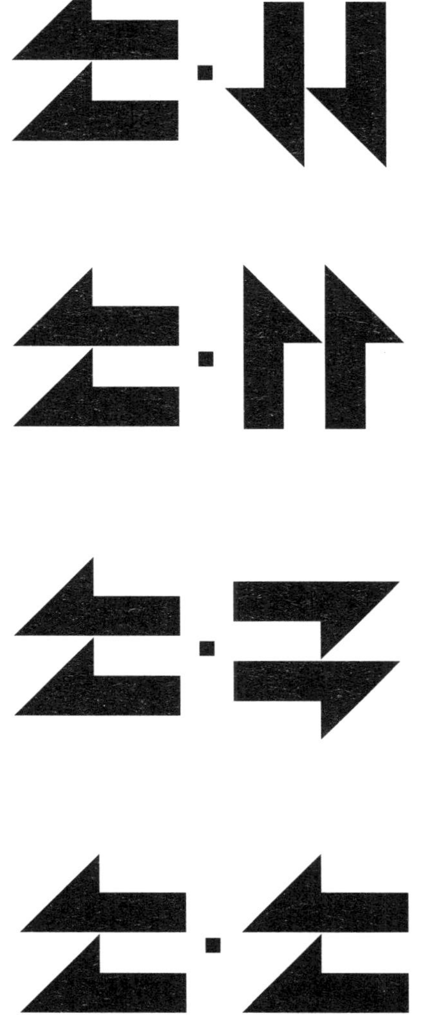

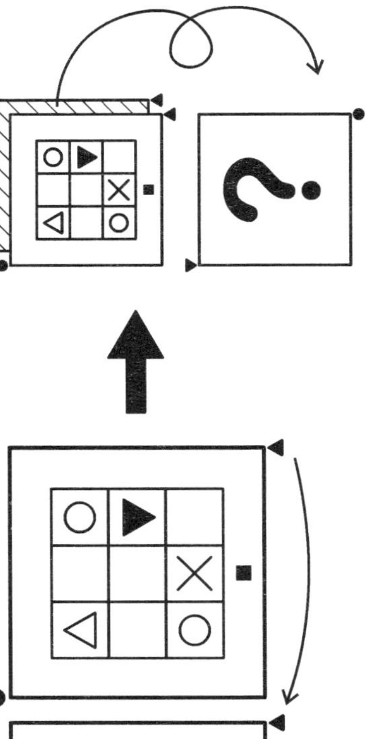

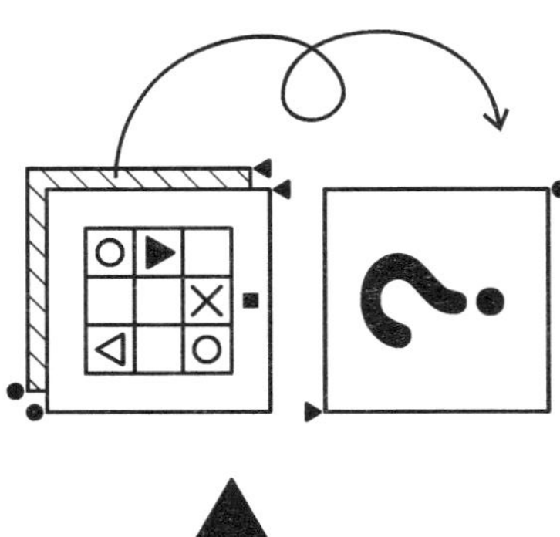

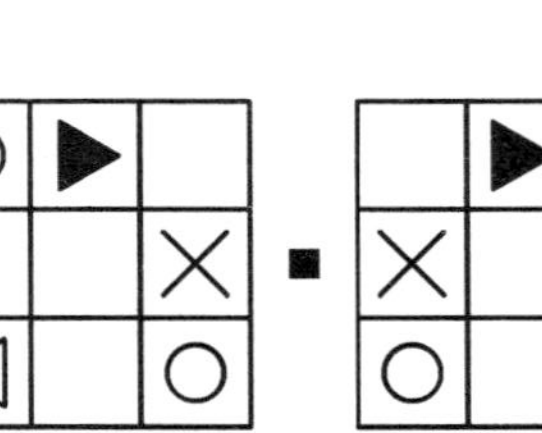

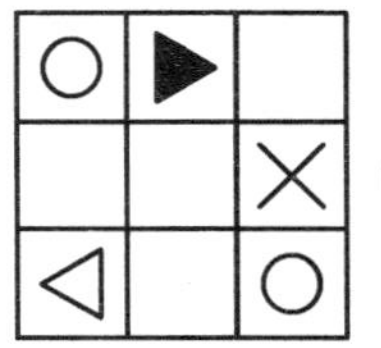

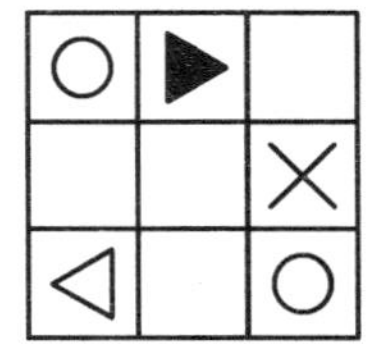

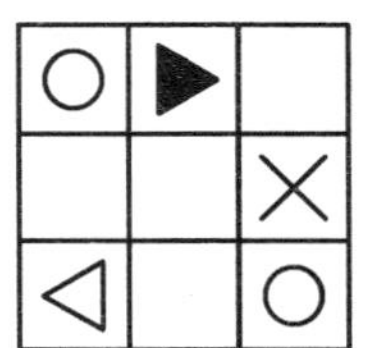

問題3－1

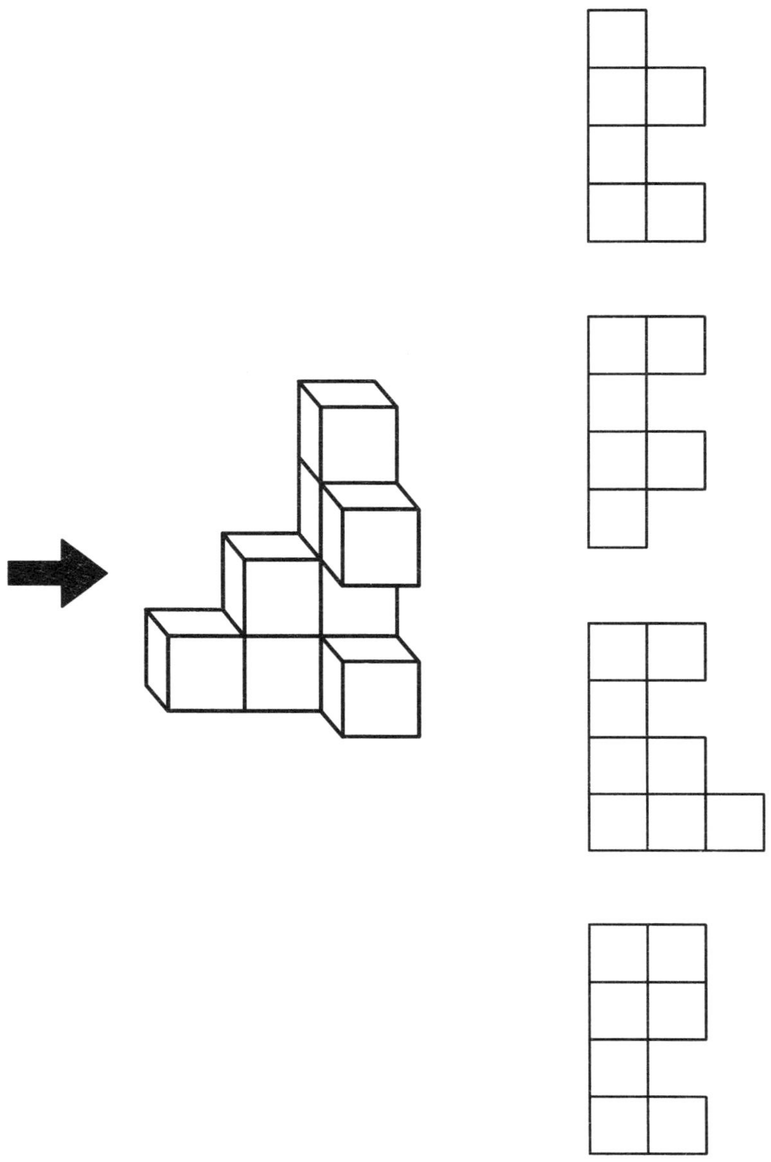

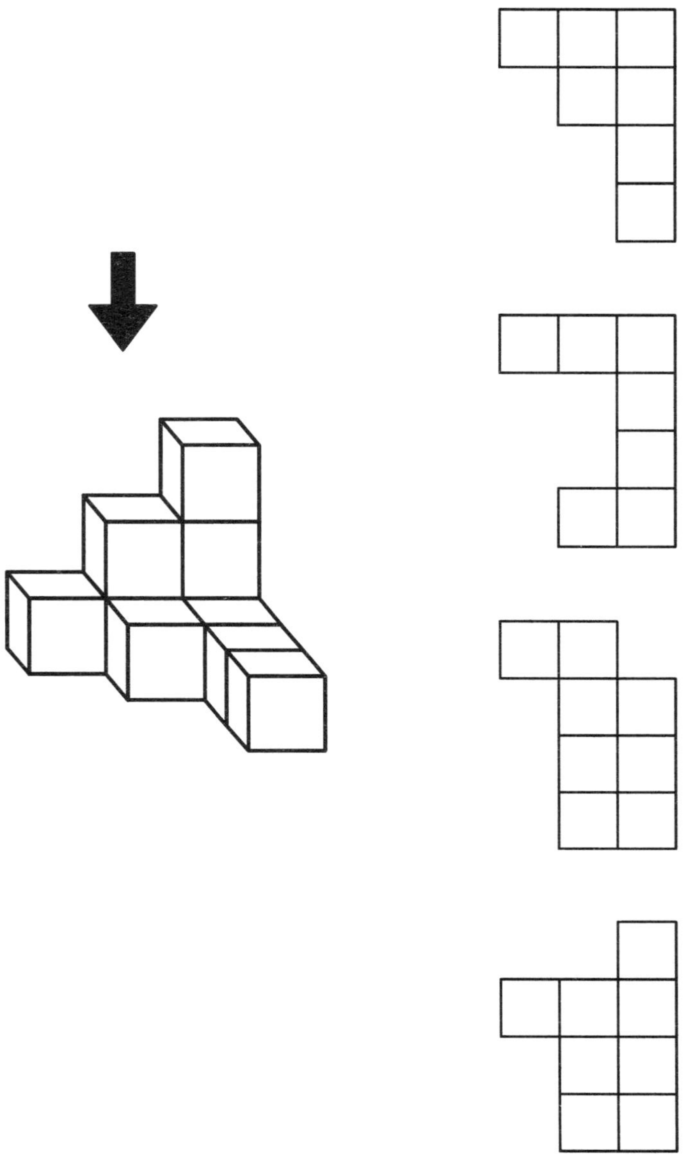

日本学習図書株式会社

問題3－2

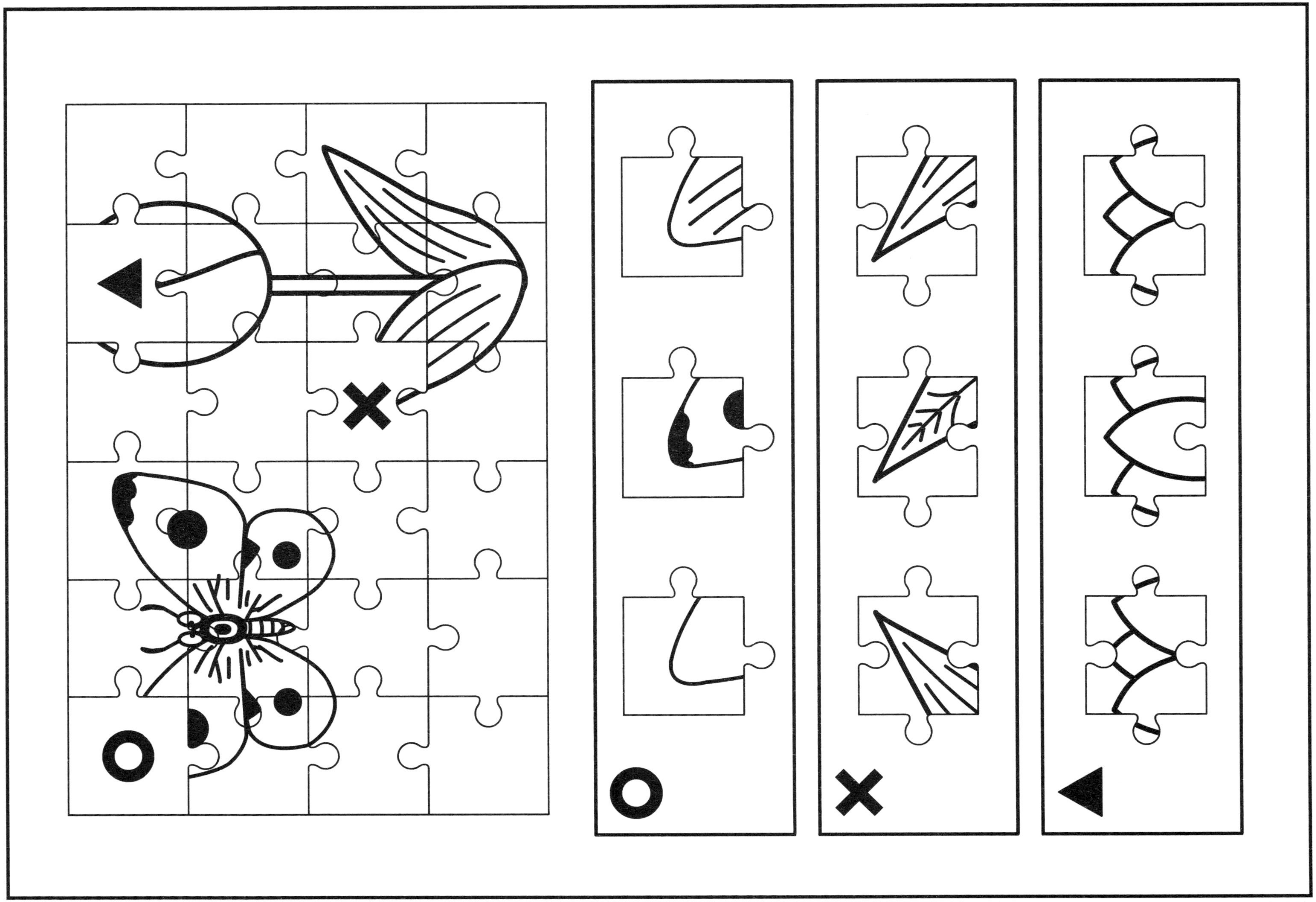

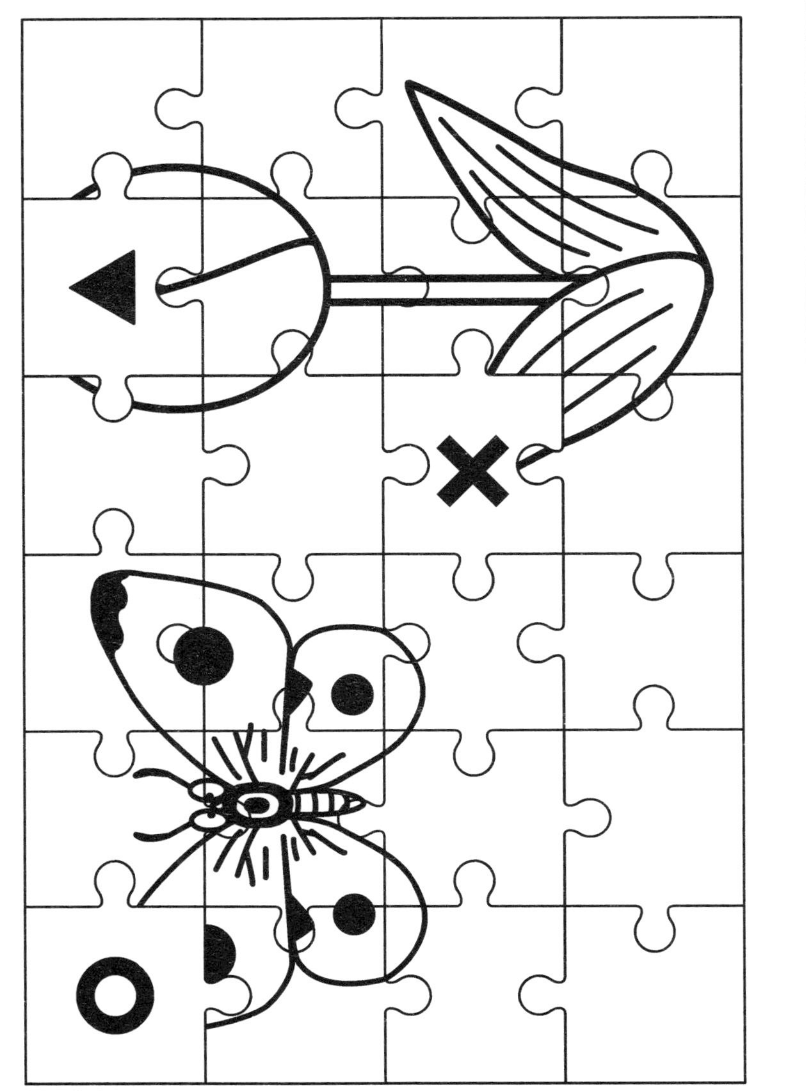

問題4

問題５－１

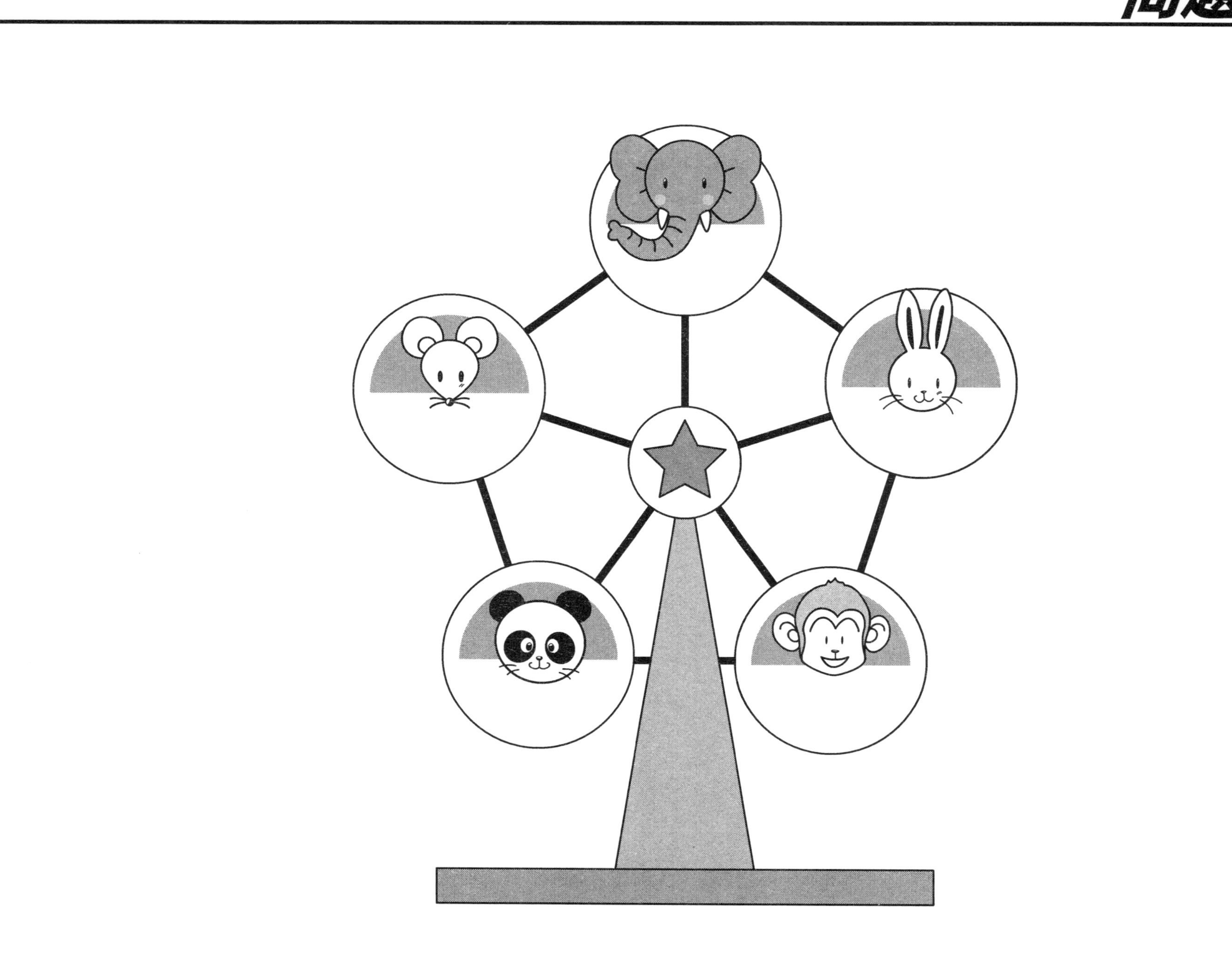

問題5－2

問題5－3

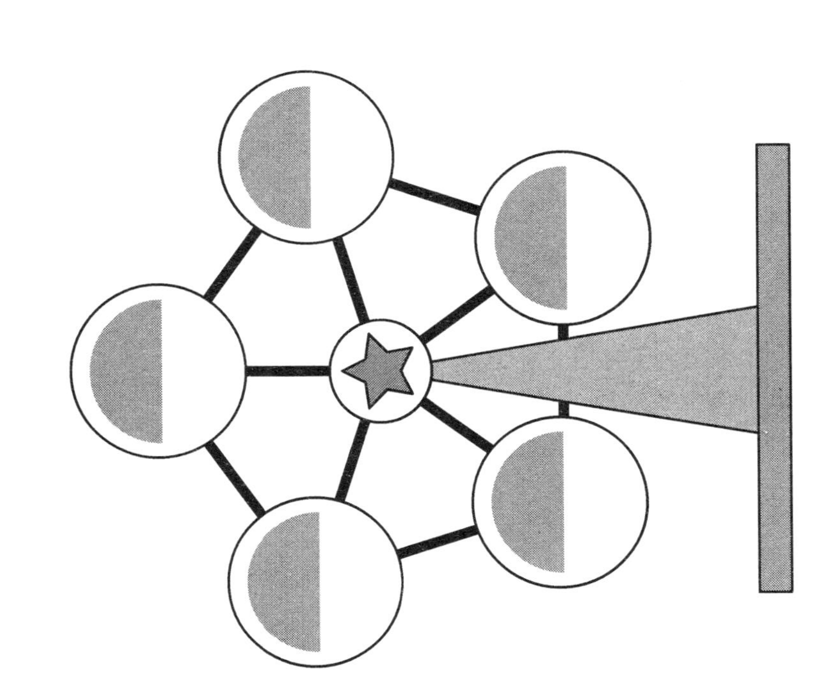

問題６－１

問題6－2

②

③

④

日本学習図書株式会社

問題７－１

問題７－２

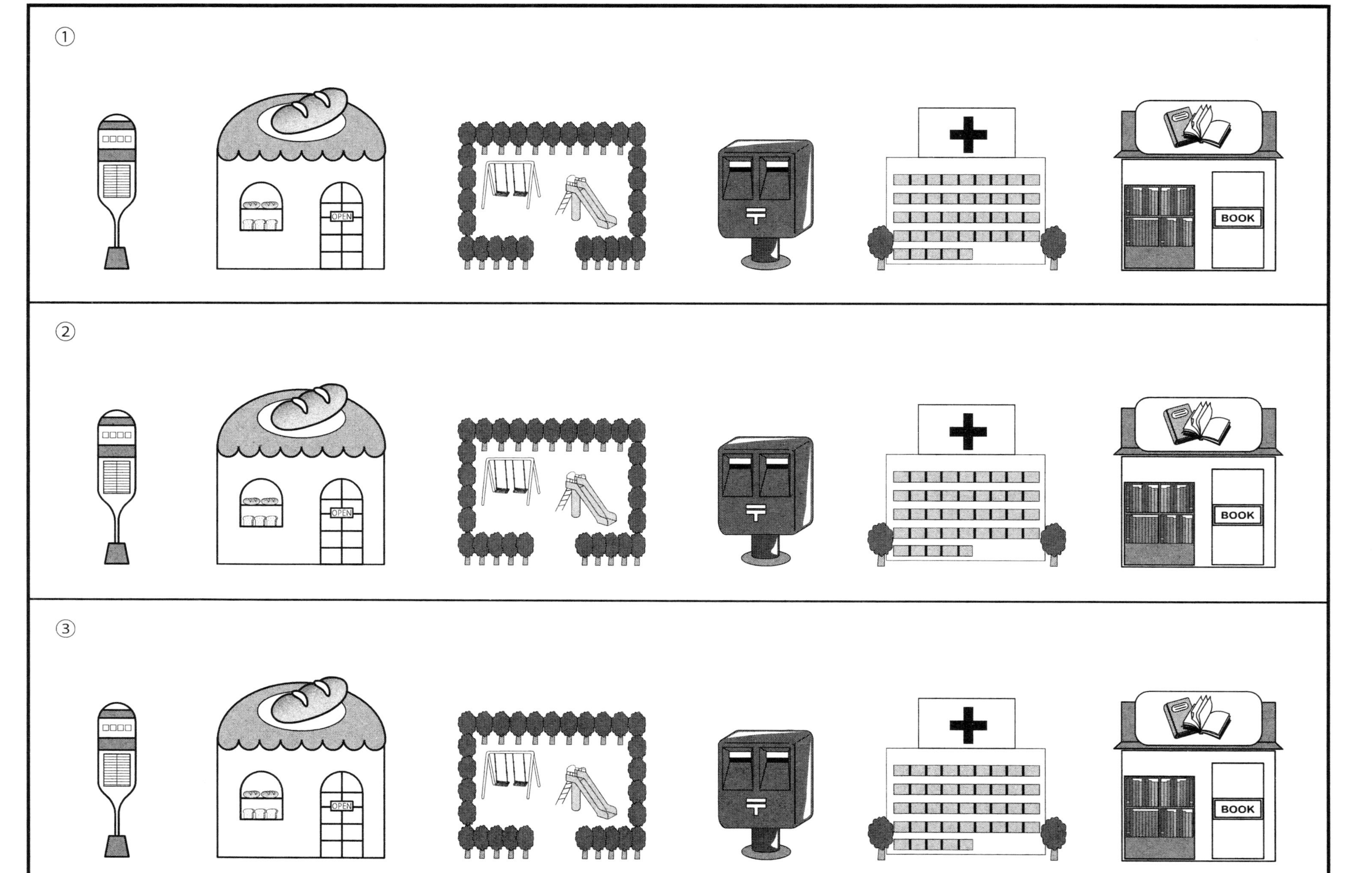

日本学習図書株式会社

問題１２

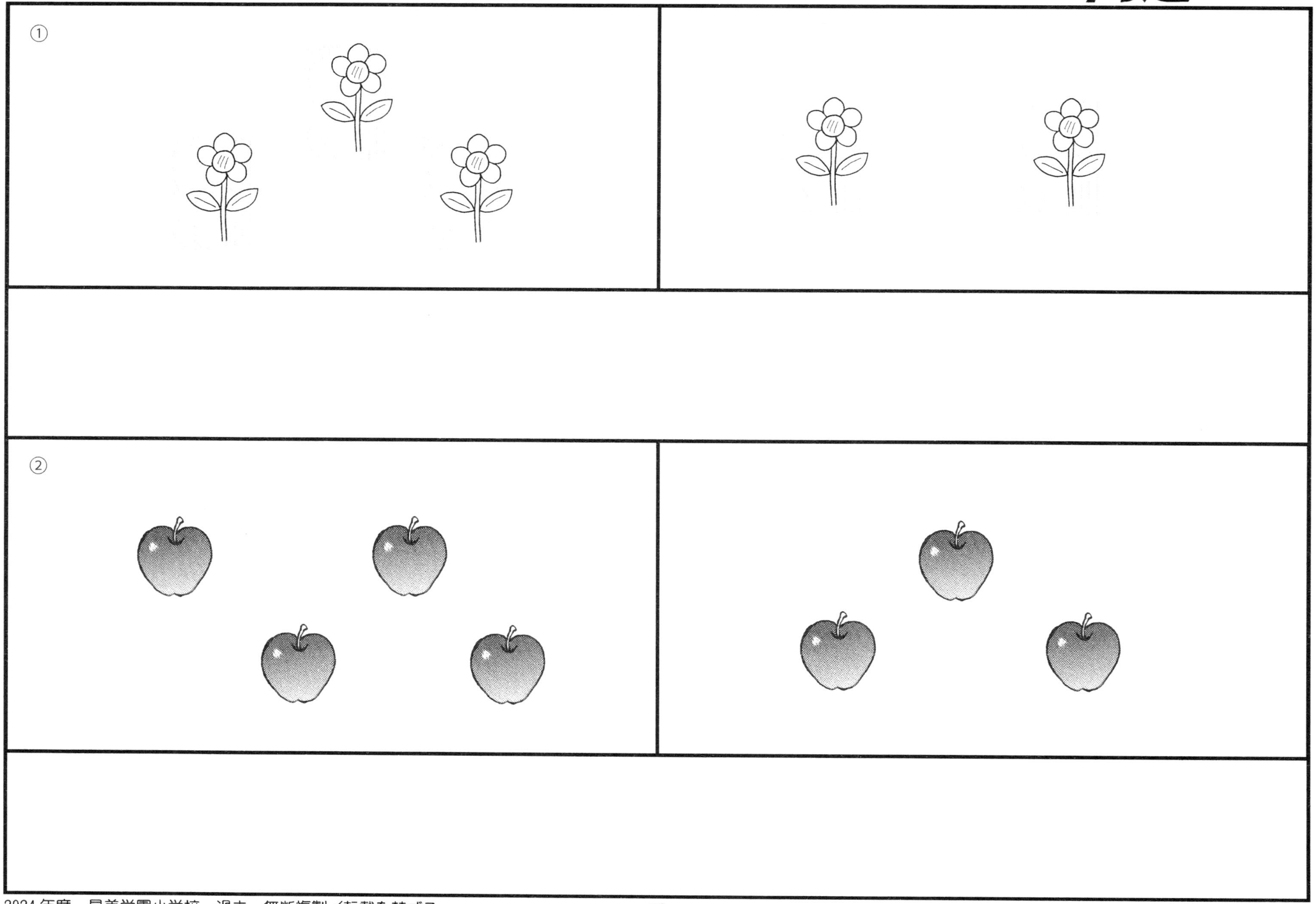

①

②

日本学習図書株式会社

問題１３

日本学習図書株式会社

問題１４

①

②

問題１５

問題１６

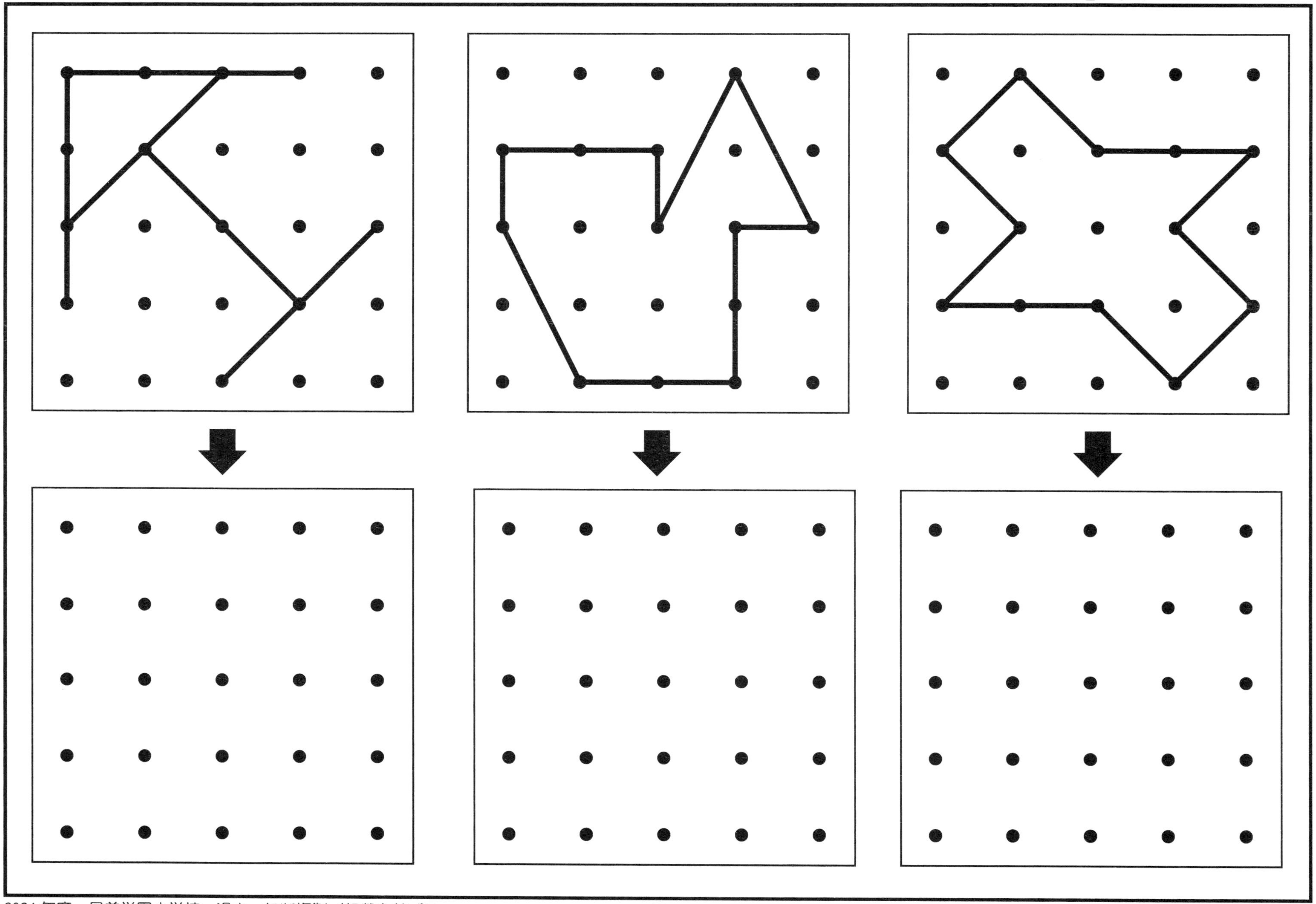

問題１７

①

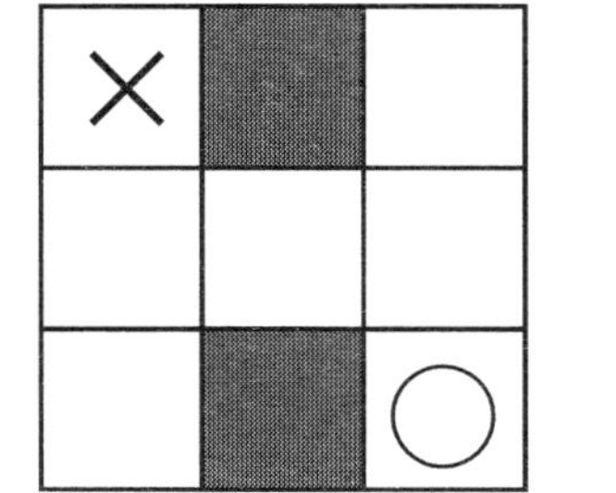

②

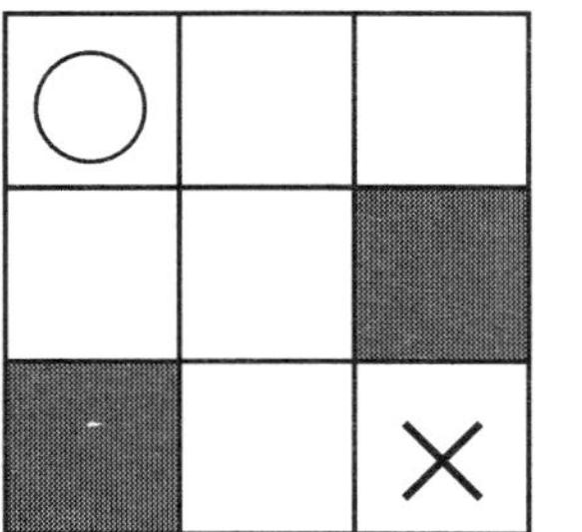

問題18

☆

①

②

問題１９

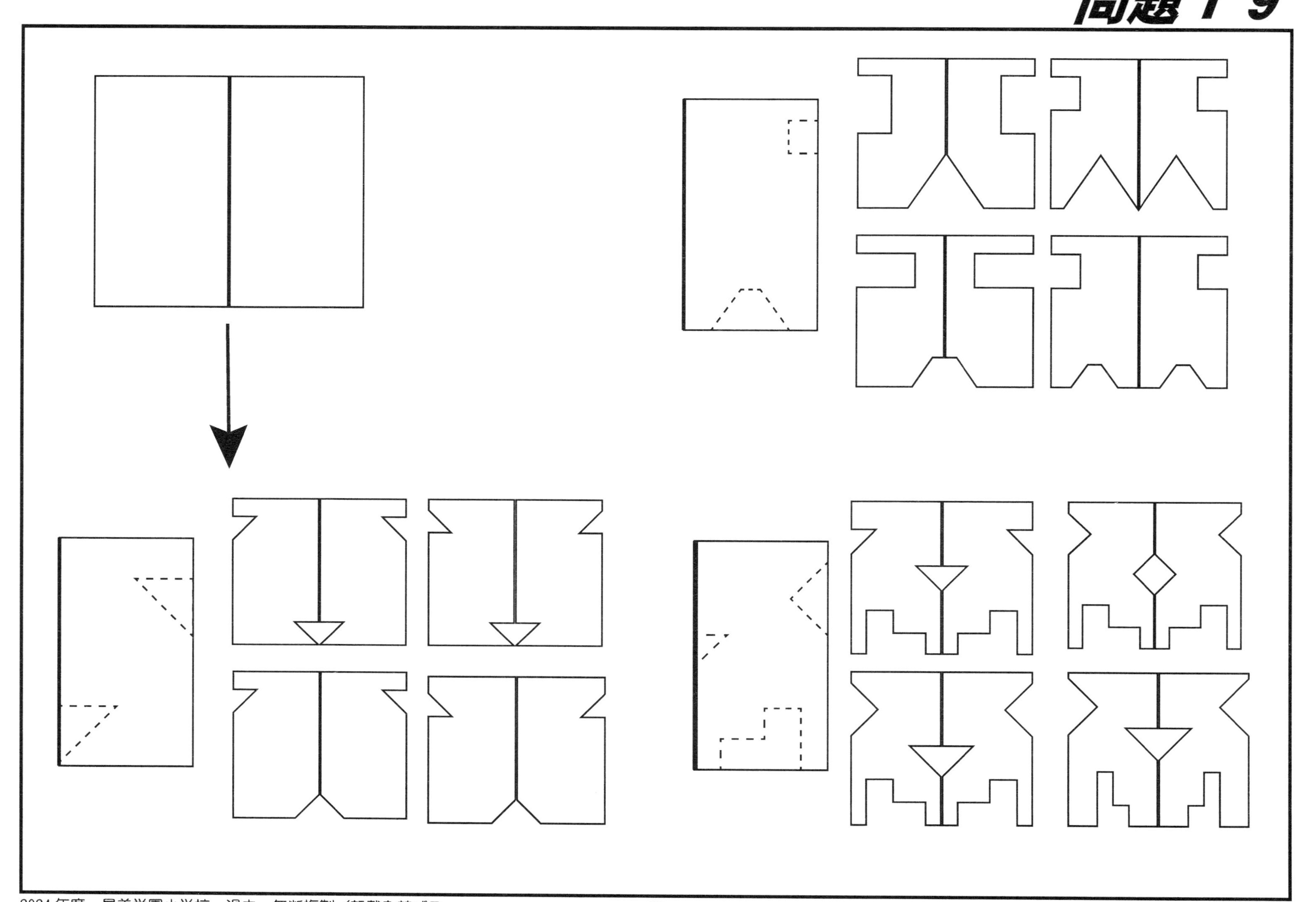

問題２０

①

②

③

④

⑤

問題２１－１

問題２１－２

問題２２－１

日本学習図書株式会社

問題２２－２

日本学習図書株式会社

問題２３

①

②

③

④

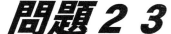

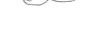

問題２４

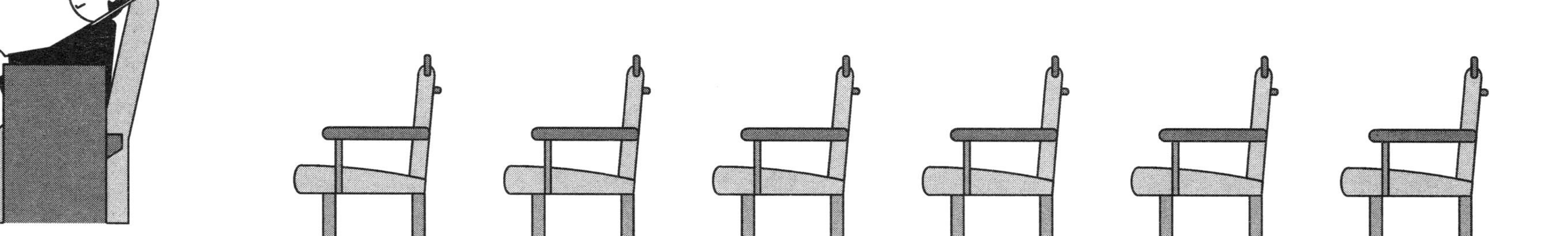

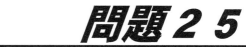

問題３０

①

②

日本学習図書株式会社

問題３１

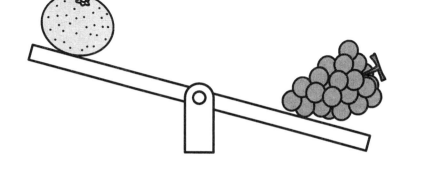

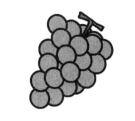

問題32

問題33

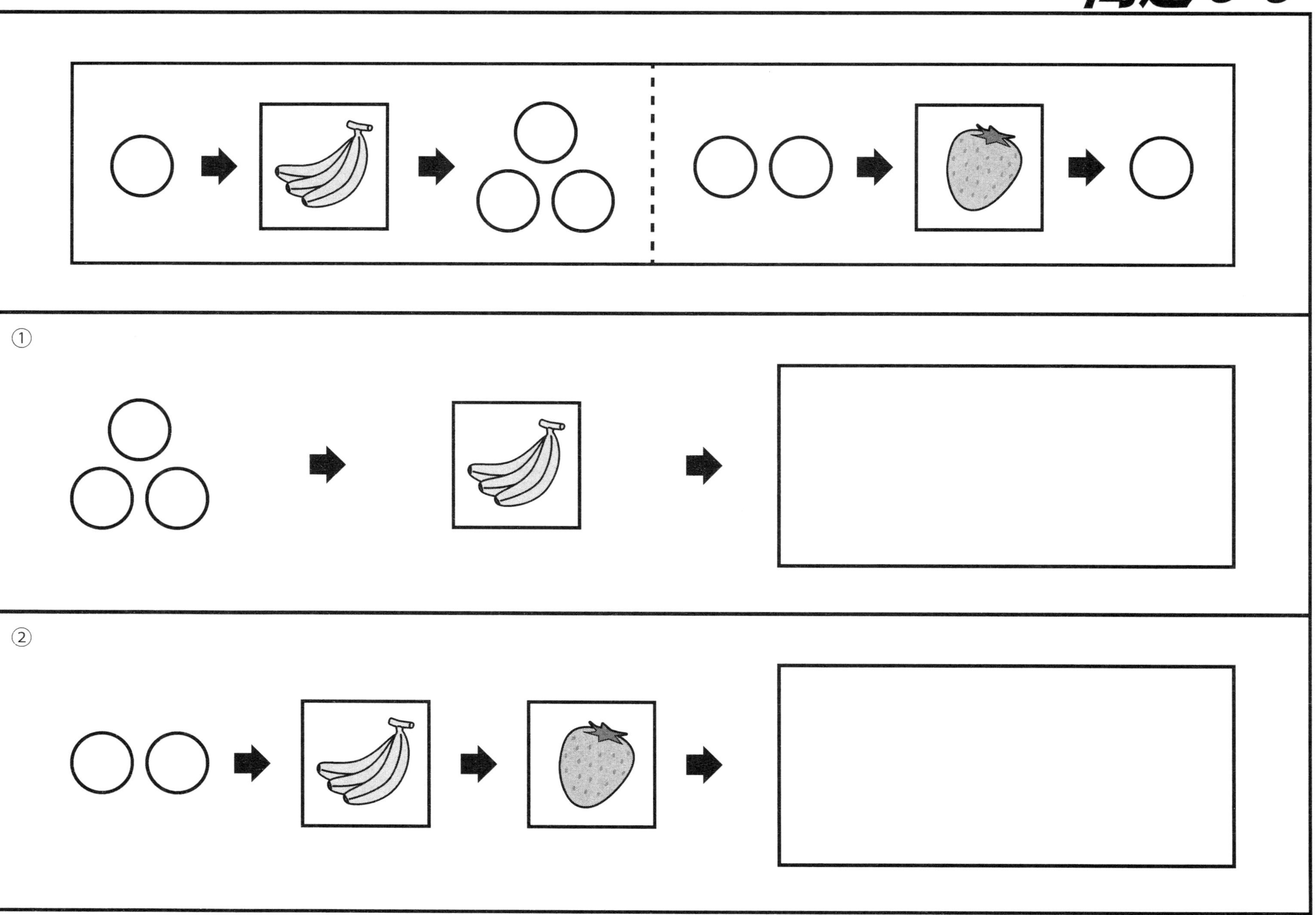

問題３４

①

②

問題３５

問題３６

①

②

問題３７

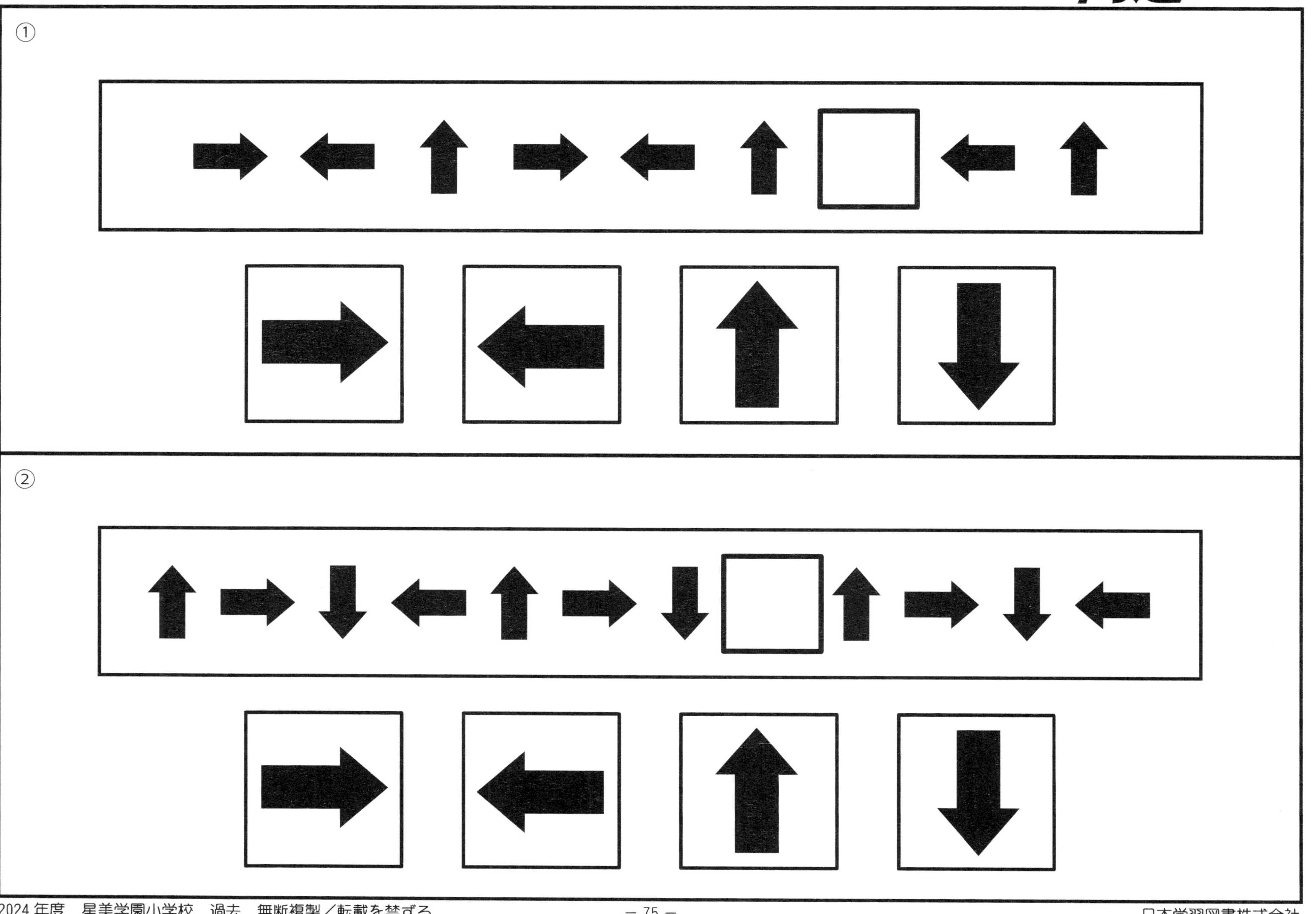

問題38－1

問題３８－２

○○公園

問題39－1

日本学習図書株式会社

問題３９－２

①

問題３９－３

問題３９－４

②

③

④

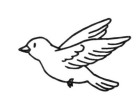

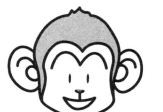

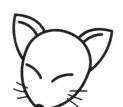

問題４０

①

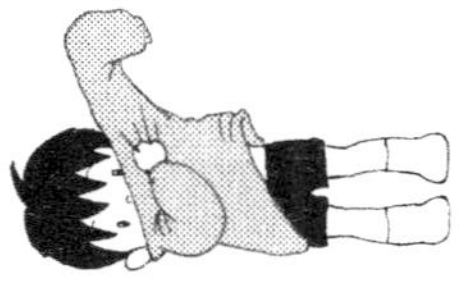
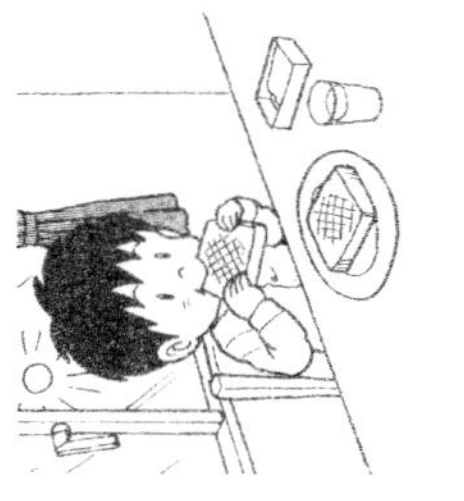

②

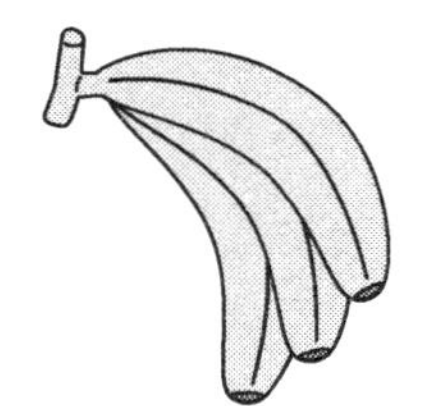

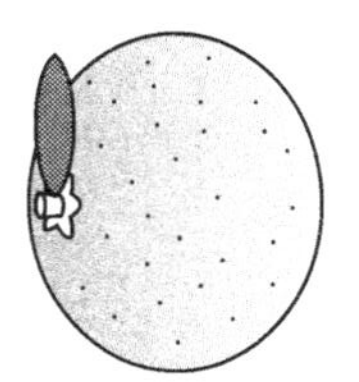
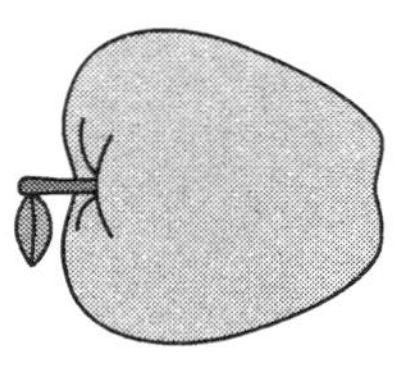

③

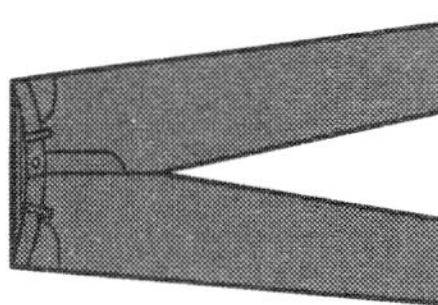
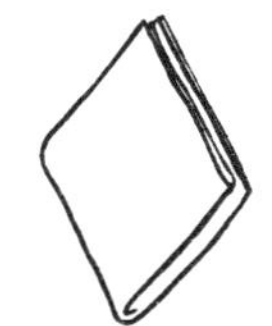

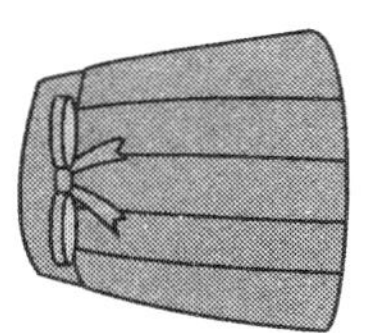

④

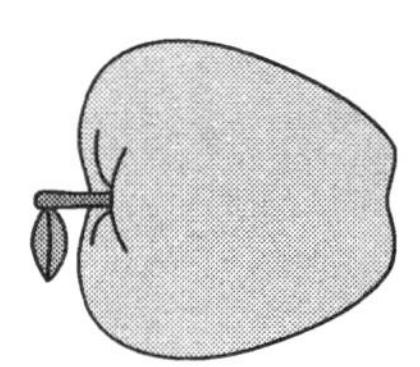
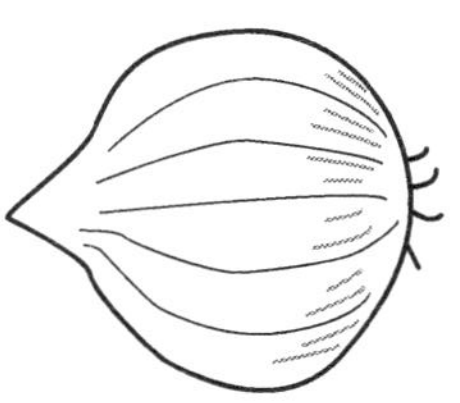
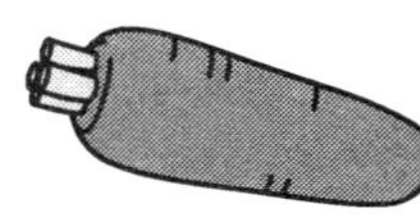

⑤

問題４１

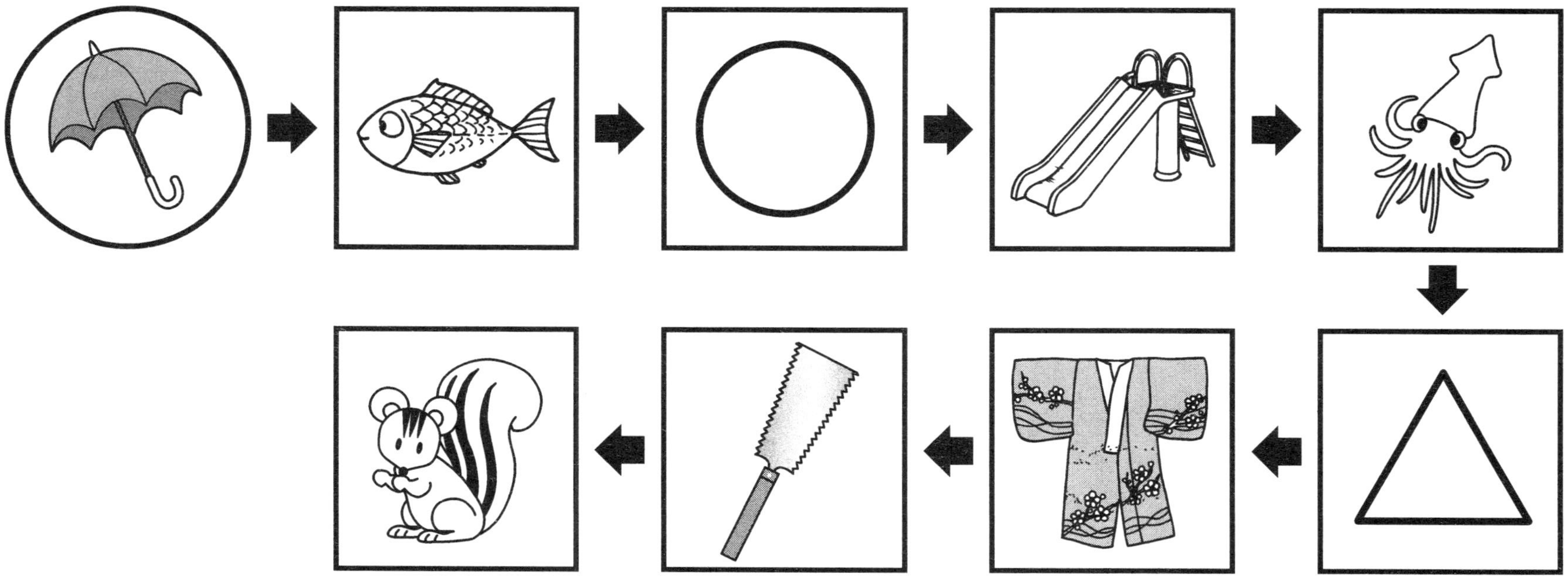

問題４２

①

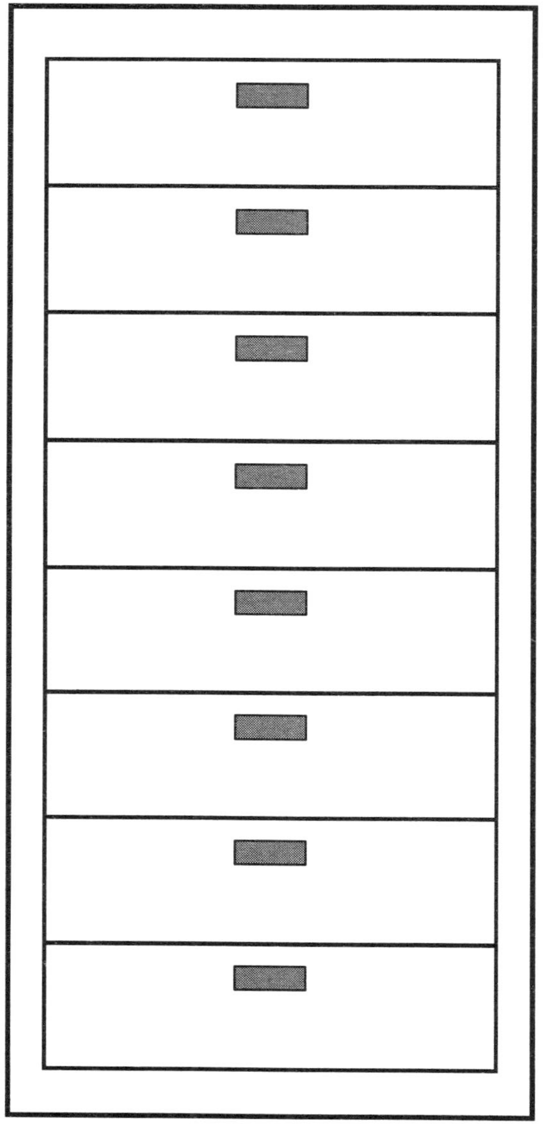

②

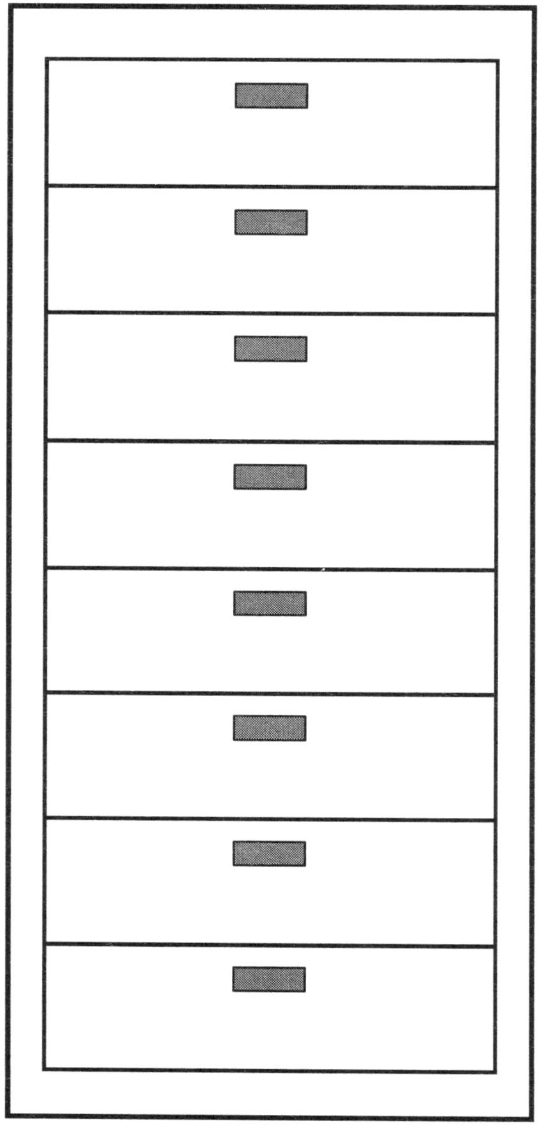

③

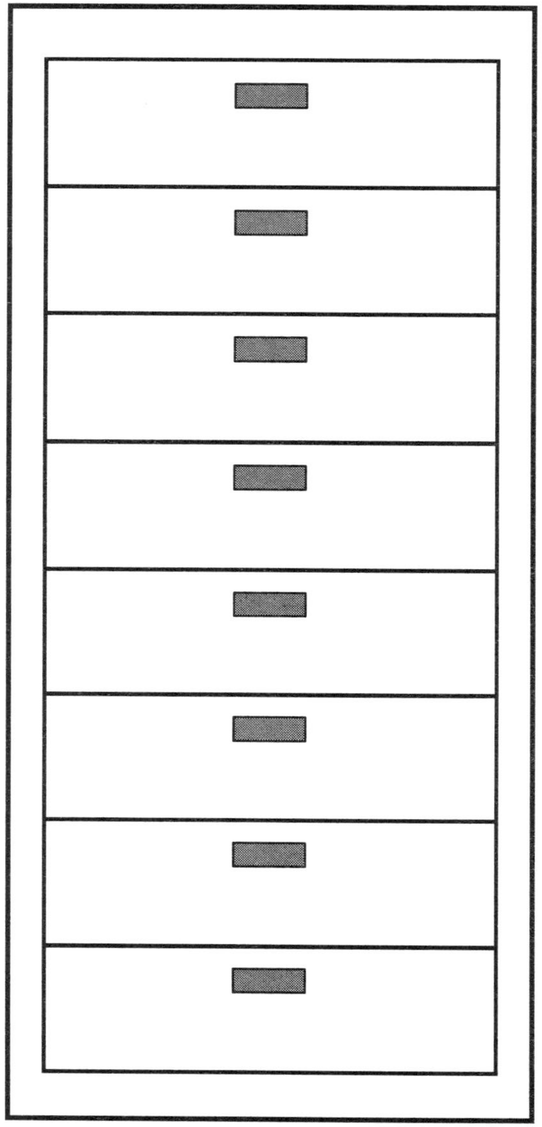

日本学習図書株式会社

図書カード 1000 円分プレゼント

ご記入日 令和　　年　　月　　日

☆国・私立小学校受験アンケート☆

※可能な範囲でご記入下さい。選択肢は〇で囲んで下さい。

〈小学校名〉＿＿＿＿＿＿＿＿＿＿＿＿　〈お子さまの性別〉男・女　〈誕生月〉＿＿月

〈その他の受験校〉（複数回答可）＿＿＿＿＿＿＿＿＿＿＿＿＿＿＿＿＿＿＿＿

〈受験日〉①：＿＿月＿＿日 〈時間〉＿＿時＿＿分　～　＿＿時＿＿分

②：＿＿月＿＿日 〈時間〉＿＿時＿＿分　～　＿＿時＿＿分

〈受験者数〉 男女計＿＿名 （男子＿＿名　女子＿＿名）

〈お子さまの服装〉＿＿＿＿＿＿＿＿＿＿＿＿＿＿＿＿

〈入試全体の流れ〉（記入例）準備体操→行動観察→ペーパーテスト

＿＿＿＿＿＿＿＿＿＿＿＿＿＿＿＿＿＿＿＿＿＿＿＿

Ｅメールによる情報提供

日本学習図書では、Ｅメールでも入試情報を募集しております。
下記のアドレスに、アンケートの内容をご入力の上、メールをお送り下さい。

ojuken@nichigaku.jp

●行動観察　（例）好きなおもちゃで遊ぶ・グループで協力するゲームなど

〈実施日〉＿＿月＿＿日 〈時間〉＿＿時＿＿分　～　＿＿時＿＿分 〈着替え〉□有 □無

〈出題方法〉 □肉声 □録音 □その他（　　　　　　） 〈お手本〉□有 □無

〈試験形態〉 □個別 □集団（　　　人程度）

〈会場図〉

〈内容〉

□自由遊び

＿＿＿＿＿＿＿＿＿＿＿＿＿＿＿＿＿＿＿＿

□グループ活動

＿＿＿＿＿＿＿＿＿＿＿＿＿＿＿＿＿＿＿＿

□その他

＿＿＿＿＿＿＿＿＿＿＿＿＿＿＿＿＿＿＿＿

●運動テスト（有・無）　（例）跳び箱・チームでの競争など

〈実施日〉＿＿月＿＿日 〈時間〉＿＿時＿＿分　～　＿＿時＿＿分 〈着替え〉□有 □無

〈出題方法〉 □肉声 □録音 □その他（　　　　　　） 〈お手本〉□有 □無

〈試験形態〉 □個別 □集団（　　　人程度）

〈会場図〉

〈内容〉

□サーキット運動

□走り □跳び箱 □平均台 □ゴム跳び

□マット運動 □ボール運動 □なわ跳び

□クマ歩き

□グループ活動＿＿＿＿＿＿＿＿＿＿＿＿＿＿

□その他＿＿＿＿＿＿＿＿＿＿＿＿＿＿＿＿

●知能テスト・口頭試問

〈実施日〉 ＿＿月＿＿日 **〈時間〉** ＿＿時＿＿分 ～ ＿＿時＿＿分 **〈お手本〉** □有 □無

〈出題方法〉 □肉声 □録音 □その他（　　　　　　） **〈問題数〉** ＿＿枚 ＿＿問

分野	方法	内　　　容	詳　細・イ　ラ　ス　ト
（例） お話の記憶	☑筆記 □口頭	動物たちが待ち合わせをする話	（あらすじ） 動物たちが待ち合わせをした。最初にウサギさんが来た。次にイヌくんが、その次にネコさんが来た。最後にタヌキくんが来た。 （問題・イラスト） ３番目に来た動物は誰か
お話の記憶	□筆記 □口頭		（あらすじ） （問題・イラスト）
図形	□筆記 □口頭		
言語	□筆記 □口頭		
常識	□筆記 □口頭		
数量	□筆記 □口頭		
推理	□筆記 □口頭		
その他	□筆記 □口頭		

●制作　（例）ぬり絵・お絵かき・工作遊びなど

〈実施日〉＿＿月＿＿日〈時間〉＿＿時＿＿分＿＿～＿＿時＿＿分

〈出題方法〉□肉声 □録音 □その他（　　　　　）〈お手本〉□有 □無

〈試験形態〉□個別 □集団（　　　人程度）

材料・道具	制作内容
□ハサミ □のり（□つぼ □液体 □スティック） □セロハンテープ □鉛筆 □クレヨン（　色） □クーピーペン（　色） □サインペン（　色）□ □画用紙（□ A4 □ B4 □ A3 □その他：　　　） □折り紙 □新聞紙 □粘土 □その他（　　　）	□切る □貼る □塗る □ちぎる □結ぶ □描く □その他（　　　） タイトル：＿＿＿＿＿＿＿＿

●面接

〈実施日〉＿＿月＿＿日〈時間〉＿＿時＿＿分＿＿～＿＿時＿＿分〈面接担当者〉＿＿名

〈試験形態〉□志願者のみ（　　）名 □保護者のみ □親子同時 □親子別々

〈質問内容〉

□志望動機　□お子さまの様子

□家庭の教育方針

□志望校についての知識・理解

□その他（　　　　　　　　）

（　詳　細　）

・

・

・

・

※試験会場の様子をご記入下さい。

例

校長先生　教頭先生

㊛ ㊂ ㊓

出入口

●保護者作文・アンケートの提出（有・無）

〈提出日〉□面接直前　□出願時　□志願者考査中　□その他（　　　　　）

〈下書き〉□有　□無

〈アンケート内容〉

（記入例）当校を志望した理由はなんですか（150 字）

●**説明会（□有　□無）〈開催日〉**　　月　　日 **〈時間〉**　　時　　分　〜　　時　　分

〈上履き〉 □要　□不要 **〈願書配布〉** □有　□無 **〈校舎見学〉** □有　□無

〈ご感想〉

●**参加された学校行事** （複数回答可）

公開授業〈開催日〉　　月　　日 **〈時間〉**　　時　　分　〜　　時　　分

運動会など〈開催日〉　　月　　日 **〈時間〉**　　時　　分　〜　　時　　分

学習発表会・音楽会など〈開催日〉　　月　　日 **〈時間〉**　　時　　分　〜　　時　　分

〈ご感想〉

※是非参加したほうがよいと感じた行事について

●**受験を終えてのご感想、今後受験される方へのアドバイス**

※対策学習（重点的に学習しておいた方がよい分野）、当日準備しておいたほうがよい物など

＊＊＊＊＊＊＊＊＊＊＊＊　ご記入ありがとうございました　＊＊＊＊＊＊＊＊＊＊＊＊

必要事項をご記入の上、ポストにご投函ください。

なお、本アンケートの送付期限は入試終了後３ヶ月とさせていただきます。また、入試に関する情報の記入量が当社の基準に満たない場合、謝礼の送付ができないことがございます。あらかじめご了承ください。

ご住所：〒

お名前：　　　　メール：

ＴＥＬ：　　　　ＦＡＸ：

アンケートのご記入ありがとうございました

ご記入頂いた個人に関する情報は、当社にて厳重に管理致します。弊社の個人情報取り扱いに関する詳細は、www.nichigaku.jp/policy.php の「個人情報の取り扱い」をご覧下さい。

分野別 小学入試練習帳 ジュニアウォッチャー

1．点・線図形	小学校入試で出題頻度の高い『点・線図形』の模写を、難易度の低いものから段階別に幅広く練習することができるように構成。
2．座標	図形の位置模写という作業を、難易度の低いものから段階別に練習できるように構成。
3．パズル	様々なパズルの問題を難易度の低いものから段階別に練習できるように構成。
4．同図形探し	小学校入試で出題頻度の高い、同図形選びの問題を繰り返し練習できるように構成。
5．回転・展開	図形などを回転、または展開したとき、形がどのように変化するかを学習し、理解を深められるように構成。
6．系列	数、図形などの様々な系列問題を、難易度の低いものから段階別に練習できるように構成。
7．迷路	迷路の問題を繰り返し練習できるように構成。
8．対称	対称に関する問題を4つのテーマに分類し、各テーマごとに問題を段階別に練習できるように構成。
9．合成	図形の合成に関する問題を、難易度の低いものから段階別に練習できるように構成。
10．四方からの観察	もの（立体）を様々な角度から見て、どのように見えるかを推理する問題を段階別に整理し、1つの形式で複数の問題を練習できるように構成。
11．いろいろな仲間	ものや動物、植物の共通点を見つけ、分類していく問題を中心に構成。
12．日常生活	日常生活における様々な問題を6つのテーマに分類し、各テーマごとに一つの問題形式で複数の問題を練習できるように構成。
13．時間の流れ	『時間』に着目し、様々なものごとは、時間が経過するとどのように変化するのかということを学習し、理解できるように構成。
14．数える	様々なものを『数える』ことから、数の多少の判定やかけ算、わり算の基礎までを練習できるように構成。
15．比較	比較に関する問題を5つのテーマ（数、高さ、長さ、量、重さ）に分類し、各テーマごとに問題を段階別に練習できるように構成。
16．積み木	数える対象を積み木に限定した問題集。
17．言葉の音遊び	言葉の音に関する問題を5つのテーマに分類し、各テーマごとに問題を段階別に練習できるように構成。
18．いろいろな言葉	表現力をより豊かにするいろいろな言葉として、擬態語や擬声語、同音異義語、反意語、数詞を取り上げた問題集。
19．お話の記憶	お話を聴いてその内容を記憶、理解し、設問に答える形式の問題集。
20．見る記憶・聴く記憶	「見て憶える」「聴いて憶える」という『記憶』分野に特化した問題集。
21．お話作り	いくつかの絵を元にしてお話を作る練習をして、想像力を養うことができるように構成。
22．想像画	描かれてある形や景色に好きな絵を描くことにより、想像力を養うことができるように構成。
23．切る・貼る・塗る	小学校入試で出題頻度の高い、はさみやのりなどを用いた巧緻性の問題を繰り返し練習できるように構成。
24・絵画	小学校入試で出題頻度の高い、お絵かきやぬり絵などクレヨンやクーピーペンを用いた巧緻性の問題を繰り返し練習できるように構成。
25．生活巧緻性	小学校入試で出題頻度の高い日常生活の様々な場面における巧緻性の問題集。
26．文字・数字	ひらがなの清音、濁音、拗音、拗長音、促音と1～20までの数字に焦点を絞り、練習できるように構成。
27．理科	小学校入試で出題頻度が高くなりつつある理科の問題を集めた問題集。
28．運動	出題頻度の高い運動問題を種目別に分けて構成。
29．行動観察	項目ごとに問題提起をし、「このような時はどうか、あるいはどう対処するのか」の観点から問いかける形式の問題集。
30．生活習慣	学校から家庭に提起された問題と思って、一問一問絵を見ながら話し合い、考える形式の問題集。
31．推理思考	数、量、言語、常識（含理科、一般）など、諸々のジャンルから問題を構成し、近年の小学校入試問題傾向に沿って構成。
32．ブラックボックス	箱や筒の中を通ると、どのようなお約束でどのように変化するかを推理・思考する問題集。
33．シーソー	重さの違うものをシーソーに乗せた時どちらに傾くのか、またどうすればシーソーは釣り合うのかを思考する基礎的な問題集。
34．季節	様々な行事や植物などを季節別に分類できるように知識をつける問題集。
35．重ね図形	小学校入試で頻繁に出題されている「図形を重ね合わせてできる形」についての問題を集めました。
36．同数発見	様々な物を数え「同じ数」を発見し、数の多少の判断や数の認識の基礎を学べるように構成した問題集。
37．選んで数える	数の学習の基本となる、いろいろなものの数を正しく数える学習を行う問題集。
38．たし算・ひき算1	数字を使わず、たし算とひき算の基礎を身につけるための問題集。
39．たし算・ひき算2	数字を使わず、たし算とひき算の基礎を身につけるための問題集。
40．数を分ける	数を等しく分ける問題です。等しく分けたときに余りが出るものもあります。
41．数の構成	ある数がどのような数で構成されているか学んでいきます。
42．一対多の対応	一対一の対応から、一対多の対応まで、かけ算の考え方の基礎学習を行います。
43．数のやりとり	あげたり、もらったり、数の変化をしっかりと学びます。
44．見えない数	指定された条件から数を導き出します。
45．図形分割	図形の分割に関する問題集。パズルや合成の分野にも通じる様々な問題を集めました。
46．回転図形	「回転図形」に関する問題集。やさしい問題から始め、いくつかの代表的なパターンから、段階を踏んで学習できるよう編集されています。
47．座標の移動	「マス目の指示通りに移動する問題」と「指示された数だけ移動する問題」を収録。
48．鏡図形	鏡で左右反転させた時の見え方を考えます。平面図形から立体図形、文字、絵まで。
49．しりとり	すべての学習の基礎となる「言葉」を学ぶこと、特に「語彙」を増やすことに重点をおき、さまざまなタイプの「しりとり」問題を集めました。
50．観覧車	観覧車やメリーゴーラウンドなどを舞台にした「回転系列」の問題集。「推理思考」分野の問題ですが、要素として「図形」や「数量」も含みます。
51．運筆①	鉛筆の持ち方を学び、点線なぞり、お手本を見ながらの模写で、線を引く練習をします。
52．運筆②	運筆①からさらに発展し、「欠所補完」や「迷路」などを楽しみながら、より複雑な鉛筆運びを習得することを目指します。
53．四方からの観察 積み木編	積み木を使用した「四方からの観察」に関する問題を練習できるように構成。
54．図形の構成	見本の図形がどのような部分によって形づくられているかを考えます。
55．理科②	理科的知識に関する問題を集中して練習する「常識」分野の問題集。
56．マナーとルール	道路や駅、公共の場でのマナー、安全や衛生に関する常識を学べるように構成。
57．置き換え	さまざまな具体的・抽象的事象を記号で表す「置き換え」の問題を扱います。
58．比較②	長さ・高さ・体積・数などを数学的な知識を使わず、論理的に推測する「比較」の問題を練習できるように構成。
59．欠所補完	線と線のつながり、欠けた絵に当てはまるものなどを求める「欠所補完」に取り組める問題集です。
60．言葉の音（おん）	しりとり、決まった順番の音をつなげるなど、「言葉の音」に関する問題に取り組める練習問題集です。

◆◆ニチガクのおすすめ問題集◆◆

より充実した家庭学習を目指し、ニチガクではさまざまな問題集をとりそろえております!!

サクセスウォッチャーズ(全18巻)

①〜⑱
本体各¥2,200+税

全9分野を「基礎必修編」「実力アップ編」の2巻でカバーした、合計18冊。

各巻80問と豊富な問題数に加え、他の問題集では掲載していない詳しいアドバイスが、お子さまを指導する際に役立ちます。

各ページが、すぐに使えるミシン目付き。本番を意識したドリルワークが可能です。

ジュニアウォッチャー(既刊60巻)

ジュニアウォッチャー
回転図形
シーソー

①〜60 (以下続刊)
本体各¥1,500+税

入試出題頻度の高い9分野を、さらに60の項目にまで細分化。基礎学習に最適のシリーズ。

苦手分野におけるつまずきを、効率よく克服するための60冊です。

ポイントが絞られているため、無駄なく高い効果を得られます。

国立・私立NEWウォッチャーズ

言語/理科/図形/記憶
常識/数量/推理
本体各¥2,000+税

シリーズ累計発行部数40万部以上を誇る大ベストセラー「ウォッチャーズシリーズ」の趣旨を引き継ぐ新シリーズ!!

実際に出題された過去問の「類題」を32問掲載。全問に「解答のポイント」付きだから家庭学習に最適です。「ミシン目」付き切り離し可能なプリント学習タイプ!

実践 ゆびさきトレーニング①・②・③

本体各¥2,500+税

制作問題に特化した一冊。有名校が実際に出題した類似問題を35問掲載。

様々な道具の扱い(はさみ・のり・セロハンテープの使い方)から、手先・指先の訓練(ちぎる・貼る・塗る・切る・結ぶ)、また、表現することの楽しさも経験できる問題集です。

お話の記憶・読み聞かせ

お話の記憶
中級編
1話5分の
読み聞かせ
お話集①

[お話の記憶問題集]
中級/上級編
本体各¥2,000+税

初級/過去類似編/ベスト30
本体各¥2,600+税

1話5分の読み聞かせお話集①・②、入試実践編①
本体各¥1,800+税

あらゆる学習に不可欠な、語彙力・集中力・記憶力・理解力・想像力を養うと言われているのが「お話の記憶」分野の問題。問題集は全問アドバイス付き。

分野別 苦手克服シリーズ(全6巻)

図形/数量/言語/
常識/記憶/推理
本体各¥2,000+税

数量・図形・言語・常識・記憶の6分野。アンケートに基づいて、多くのお子さまがつまづきやすい苦手問題を、それぞれ40問掲載しました。

全問アドバイス付きですので、ご家庭において、そのつまづきを解消するためのプロセスも理解できます。

運動テスト・ノンペーパーテスト問題集

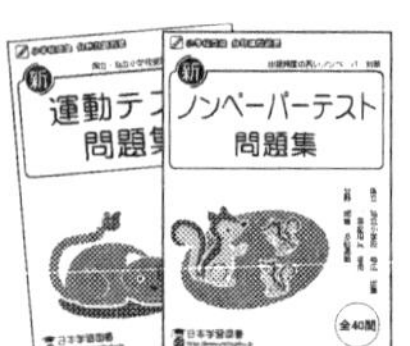

新 運動テスト問題集
本体¥2,200+税

新 ノンペーパーテスト問題集
本体¥2,600+税

ノンペーパーテストは国立・私立小学校で幅広く出題される、筆記用具を使用しない分野の問題を全40問掲載。

運動テスト問題集は運動分野に特化した問題集です。指示の理解や、ルールを守る訓練など、ポイントを押さえた学習に最適。全35問掲載。

口頭試問・面接テスト問題集

新 口頭試問・個別テスト問題集
本体¥2,500+税

面接テスト問題集
本体¥2,000+税

口頭試問は、主に個別テストとして口頭で出題解答を行うテスト形式。面接は、主に「考え」やふだんの「あり方」をたずねられるものです。

口頭で答える点は同じですが、内容は大きく異なります。想定する質問内容や答え方の幅を広げるために、どちらも手にとっていただきたい問題集です。

小学校受験 厳選難問集 ①・②

本体各¥2,600+税

実際に出題された入試問題の中から、難易度の高い問題をピックアップし、アレンジした問題集。応用問題への挑戦は、基礎の理解度を測るだけでなく、お子さまの達成感・知的好奇心を触発します。

①は数量・図形・推理・言語、②は位置・常識・比較・記憶分野の難問を掲載。それぞれ40問。

国立小学校 対策問題集

国立小学校入試問題A・B・C(全3巻) 本体各¥3,282+税

新 国立小学校直前集中講座
本体¥3,000+税

国立小学校頻出の問題を厳選。細かな指導方法やアドバイスが掲載してあり、効率的な学習が進められます。「総集編」は難易度別にA〜Cの3冊。付録のレーダーチャートにより得意・不得意を認識でき、国立小学校受験対策に最適です。入試直前の対策には「新 直前集中講座」!

おうちでチャレンジ ①・②

本体各¥1,800+税

関西最大級の模擬試験である小学校受験標準テストのペーパー問題を編集した実力養成に最適な問題集。延べ受験者数10,000人以上のデータを分析しお子さまの習熟度・到達度を一目で判別。

保護者必読の特別アドバイス収録!

Q&Aシリーズ

『小学校受験で知っておくべき125のこと』
『小学校受験に関する 保護者の悩みQ&A』
『新 小学校受験の入試面接Q&A』
『新 小学校受験 願書・アンケート文例集500』
本体各¥2,600+税
『小学校受験のための
願書の書き方から面接まで』
本体¥2,500+税

「知りたい!」「聞きたい!」「こんな時どうすれば…?」そんな疑問や悩みにお答えする、オススメの人気シリーズです。

書籍についてのご注文・お問い合わせ
☎ 03-5261-8951

http://www.nichigaku.jp
※ご注文方法、書籍についての詳細は、Webサイトをご覧ください。

日本学習図書 検索

星美学園小学校　専用注文書

年　　月　　日

合格のための問題集ベスト・セレクション

＊入試頻出分野ベスト３

1st 推理 思考力 聞く力 観察力

2nd 図形 観察力 思考力

3rd お話の記憶 聞く力 集中力

推理分野の問題では行動推理のように独特の形式で出題されます。さまざまな分野が出題されるので幅広く学習しましょう。図形分野では高い観察力、お話の記憶では細かい部分まで聞く力が必要です。

分野	書名	価格(税込)	注文	分野	書名	価格(税込)	注文
図形	Ｊｒ・ウォッチャー３「パズル」	1,650円	冊	数量	Ｊｒ・ウォッチャー38「たし算・ひき算１」	1,650円	冊
図形	Ｊｒ・ウォッチャー４「同図形探し」	1,650円	冊	数量	Ｊｒ・ウォッチャー39「たし算・ひき算２」	1,650円	冊
図形	Ｊｒ・ウォッチャー10「四方からの観察」	1,650円	冊	図形	Ｊｒ・ウォッチャー46「回転図形」	1,650円	冊
常識	Ｊｒ・ウォッチャー12「日常生活」	1,650円	冊	図形	Ｊｒ・ウォッチャー53「四方からの観察（積み木編）」	1,650円	冊
数量	Ｊｒ・ウォッチャー14「数える」	1,650円	冊	常識	Ｊｒ・ウォッチャー56「マナーとルール」	1,650円	冊
数量	Ｊｒ・ウォッチャー15「比較」	1,650円	冊	推理	Ｊｒ・ウォッチャー57「置き換え」	1,650円	冊
記憶	Ｊｒ・ウォッチャー19「お話の記憶」	1,650円	冊	言語	Ｊｒ・ウォッチャー60「言葉の音（おん）」	1,650円	冊
記憶	Ｊｒ・ウォッチャー20「見る記憶・聴く記憶」	1,650円	冊		１話５分の読み聞かせお話集①・②	1,980円	各　冊
巧緻性	Ｊｒ・ウォッチャー23「切る・貼る・塗る」	1,650円	冊		お話の記憶問題集 初級編・中級編	2,200円	各　冊
観察	Ｊｒ・ウォッチャー28「運動」	1,650円	冊		実践 ゆびさきトレーニング①・②・③	2,750円	各　冊
観察	Ｊｒ・ウォッチャー29「行動観察」	1,650円	冊		新 運動テスト問題集	2,420円	冊
推理	Ｊｒ・ウォッチャー32「ブラックボックス」	1,650円	冊		新 小学校受験の入試面接Ｑ＆Ａ	2,860円	冊
推理	Ｊｒ・ウォッチャー33「シーソー」	1,650円	冊		家庭で行う 面接テスト問題集	2,200円	冊
数量	Ｊｒ・ウォッチャー37「選んで数える」	1,650円	冊		保護者のための 面接最強マニュアル	2,200円	冊

合計	冊	円

（フリガナ） 氏　名	電　話
	ＦＡＸ
	E-mail
住 所 〒　　　－	以前にご注文されたことはございますか。
	有　・　無

★お近くの書店、または記載の電話・FAX・ホームページにてご注文をお受けしております。
電話：03-5261-8951　FAX：03-5261-8953　代金は書籍合計金額＋送料がかかります。
※なお、落丁・乱丁以外の理由による商品の返品・交換には応じかねます。
★ご記入頂いた個人に関する情報は、当社にて厳重に管理致します。なお、ご購入の商品発送の他に、当社発行の書籍案内、書籍に関する調査に使用させて頂く場合がございますので、予めご了承ください。

日本学習図書株式会社
http://www.nichigaku.jp

家庭学習をトータルサポート！ ニチガクのオリジナル 効果的 学習法

1 まずは アドバイスページを読む！

対策や試験ポイントがぎっしりつまった「家庭学習ガイド」。しっかり読んで、試験の傾向をおさえよう！

2 問題をすべて読み、出題傾向を把握する

3 「学習のポイント」で学校側の観点や問題の解説を熟読

4 はじめて過去問題にチャレンジ！

5 プラスα 対策問題集や類題で力を付ける

過去問のこだわり

最新問題は問題ページ、イラストページ、解答・解説ページが独立しており、お子さまにすぐに取り掛かっていただける作りになっています。
ニチガクの学校別問題集ならではの、学習法を含めたアドバイスを利用して効率のよい家庭学習を進めてください。

各問題のジャンル

問題7 分野：図形（図形の構成） Aグループ男子

〈解答〉 下図参照

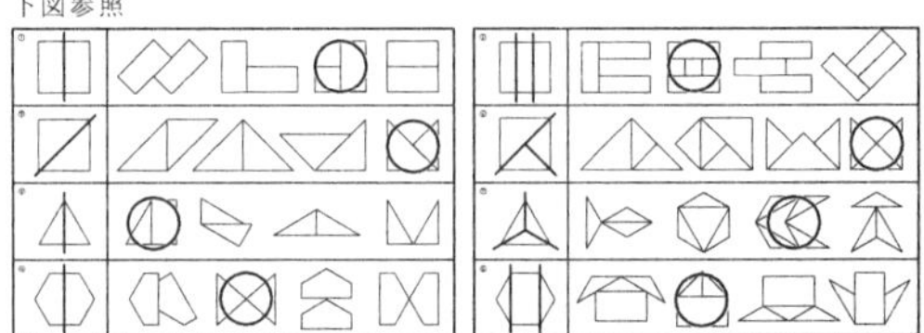

図形の構成の問題です。解答時間が圧倒的に短いので、直感的に答えないと全問答えることはできないでしょう。例年ほど難しい問題ではないので、ある程度準備をしたお子さまなら可能のはずです。注意すべきなのはケアレスミスで、「できないものはどれですか」と聞かれているのに、できるものに○をしたりしてはおしまいです。こういった問題では基礎とも言える問題なので、もしわからなかった場合は基礎問題を分野別の問題集などでおさらいしておきましょう。

【おすすめ問題集】
★ニチガク小学校図形攻略問題集①②★（書店では販売しておりません）
Jr・ウォッチャー9「合成」、54「図形の構成」

学習のポイント

各問題の解説や学校の観点、指導のポイントなどを教えます。
今日から保護者の方が家庭学習の先生に！

おすすめ対策問題集

分野ごとに対策問題集をご紹介。苦手分野の克服に最適です！
＊専用注文書付き。

2024年度版 星美学園小学校 過去問題集

発行日 2023年5月12日
発行所 〒162-0821 東京都新宿区津久戸町 3-11-9F
日本学習図書株式会社
電 話 03-5261-8951 ㈹

ISBN978-4-7761-5491-4

C6037 ¥2000E

詳細は http://www.nichigaku.jp 日本学習図書 検索

首都圏版⑱　最新入試に対応！家庭学習に最適の問題集!!

星美学園小学校

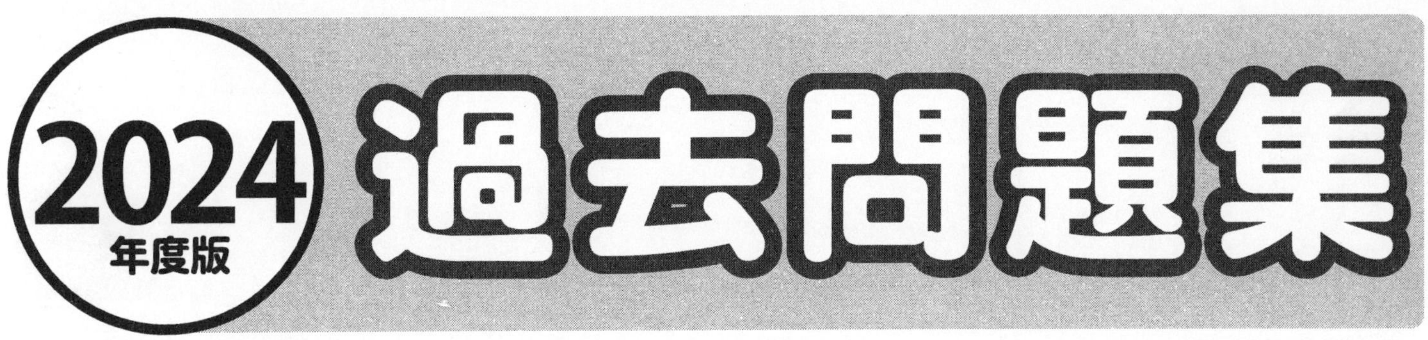

2021～2023年度
過去問題を掲載

日本学習図書